공직자와 공직을 꿈꾸는 이들의 필독서

적극행정, 말이 아니라 행동이다

최영호 지음

도서출판 행복에너지

**적극행정,
말이 아니라 행동이다**

초판 1쇄 발행 2025년 12월 1일

지은이	최영호
발행인	권선복
편 집	한영미
디자인	서보미
마케팅	권보송
전자책	서보미
발행처	도서출판 행복에너지
출판등록	제315-2011-000035호
주 소	(157-010) 서울특별시 강서구 화곡로 232
전 화	0505-613-6133, 010-3267-6277
팩 스	0303-0799-1560
홈페이지	www.happybook.or.kr
이메일	ksbdata@daum.net

값 22,000원
ISBN 979-11-24134-02-3(13350)
Copyright ⓒ 최영호, 2025

* 이 책은 저작권법에 따라 보호받는 저작물이므로 무단전재와 무단복제를 금지하며, 이 책의 내용을 전부 또는 일부를 이용하시려면 반드시 저작권자와 〈도서출판 행복에너지〉의 서면 동의를 받아야 합니다.

도서출판 행복에너지는 독자 여러분의 아이디어와 원고 투고를 기다립니다. 책으로 만들기를 원하는 콘텐츠가 있으신 분은 이메일이나 홈페이지를 통해 간단한 기획서와 기획의도, 연락처 등을 보내주십시오. 행복에너지의 문은 언제나 활짝 열려 있습니다.

공직자와 공직을 꿈꾸는 이들의 필독서

적극행정, 말이 아니라 행동이다

최영호 지음

현장의 냄새가 나는 사례집

내일을 바꾸는 지침서

공직의 자세와 방법을 배우는 안내서

도서출판 행복에너지

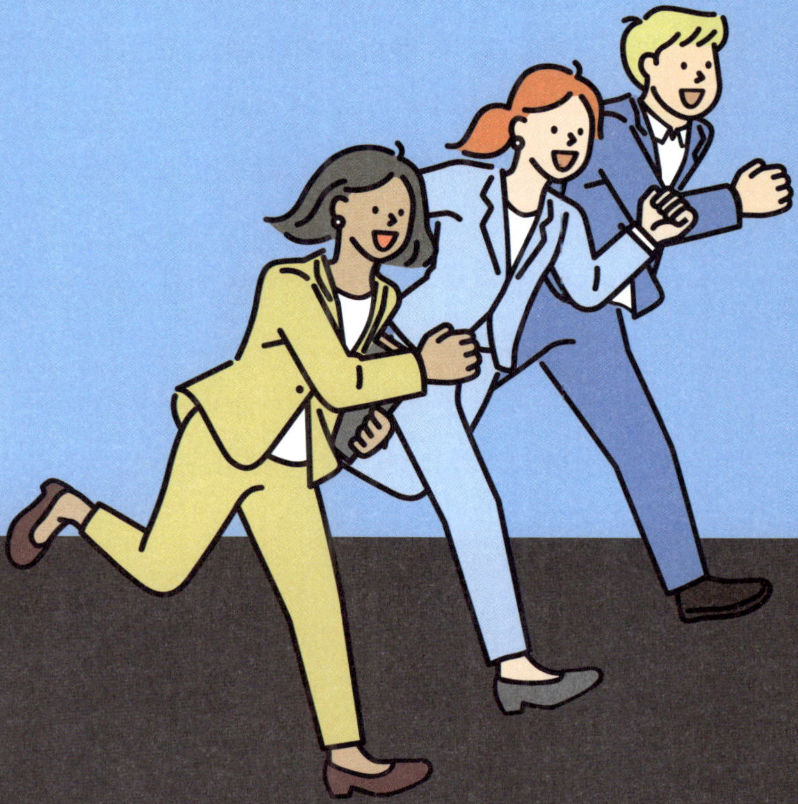

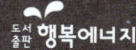

프롤로그

나는 왜 이 길을 택했을까. 답은 하나였다.
"억울한 사람의 편에 서자."
아버지가 남긴 그 한마디는 때로는 무게였고, 때로는 등불이었다.
기울어진 아파트 앞에서 아이 손을 잡은 주민의 질문, 명절 비상근무 중 붕괴 직전의 옹벽 앞에서, 매 순간 나는 되뇌었다.
'누군가는 여기 서야 한다. 그게 나다.'
공직은 안정이 아니라, 사람의 삶을 지키는 최전선이었다.

그래서 스스로에게 묻곤 했다. "나는 지금, 무난함이 아니라 최선을 택하고 있는가?"
적극행정은 특별한 누군가의 전유물이 아니다.
한 걸음 더 다가가고 한 번 더 고민하는 작은 차이가 사람의 운명을 바꾼다.

이 책은 그 작은 차이들이 모여 만든 기록이다. 공직 생활 동안 현장에서 안전을 지키고, 제도를 고치고, 갈등을 풀기 위해 몸을 기울였던 순간들을 담았다.

나는 믿는다. 행정은 원칙에서 출발해 현장에서 완성된다. 그리고 그 길 위에 선 바로 당신이 내일을 바꾸는 주인공일지 모른다.

나는 행운처럼 좋은 동료들을 만났다. 유능하고 성실한 동료들이 있었기에 새로운 시도를 감히 시작할 수 있었다. 그 믿음과 뒷받침이 오늘의 나를 만들었고, 이 책을 가능하게 했다. "억울한 사람의 편에 서겠다"라는 다짐은 내 행정을 지탱한 뿌리였다.

이제 그 다짐이 현실에서 어떻게 피어났는지 본문에서 전하려 한다. 이 기록이 현장의 실무자에겐 체크리스트가, 예비 공직자에겐 첫걸음의 지도가 되기를 바란다.

추천사

강형기
(사)한국지방자치경영연구소 이사장 겸 향부숙장
충북대학교 명예교수

공무원들이 적극적으로 서비스를 하지 않는 경우는 대체로 '할 수 없어서'가 아니라 '할 생각이 없기 때문'이다. 사실 많은 공무원은 적극적으로 일하는 선배 밑에서 일해 본 경험이 없다. 그래서 적극행정을 실천한 공직자의 스토리는 귀중한 가치를 갖는다.

우리 지역에는 자원이 없다고 말하는 사람이 많다. 그러나 없는 것은 자원이 아니라 자원을 볼 줄 아는 눈이 없고, 자원을 활용하는 지혜가 없다. 그래서 나는 지역발전의 원동력은 '인재'라고 생각하고 지역의 핵심 인재를 양성하는 향부숙(鄕富塾)을 설립했다.

향부숙 제8기(2015년)의 학생 대표였던 최영호 저자는 향부숙이 배출하려던 그런 인재였다. 그는 향부숙에서 배운다기보다는 터득하는 학생이었다. 향부숙에 들어오기 전에 이미 현장의 어려운 문제를 앞장서서 풀어왔던 프로듀서형 인재였다.

실로 저자가 실천한 사례는 지금의 모든 공무원에게 수범이 된다.

10년간 누구도 손을 대지 못했던 인천의 기울어져만 가던 일명 '피사의 아파트'를 다시 세워 안전하게 살 수 있게 했다. 또한 건축과장으로 재직 시, 직원들과 주민 재산권 침해 문제를 해결('뒤바뀐 건축물 동·호수 바로잡기')하여 제2회 적극행정 경진대회에서 대통령 표창을 받았다. 그리고 '제도개선 동아리'를 만들고 중앙정부에 건의하여 30여 건의 법·제도개선을 한 것도 적극행정을 실천한 사례다.

나는 재학생 발표회와 졸업생 강의 시간을 만들어 저자의 생각과 실천사례를 향부숙 숙생들과 공유하기도 했다. 그는 무엇이 문제이며, 지금 당장 어떻게 해야 할까를 명료하게 제시했다. 그는 현실을 가슴에 품고, 현장에 서서, 현물을 다루는 '삼현주의(三現主義)'에 철저한 공직자였으며, 단호한 실행력 뒤에는 주민을 따뜻하게 배려하는 목민관의 정이 있었다.

나는 현장의 문제를 주민의 마음으로 접근하여 해결하는 것을 사명으로 살아온 저자의 드라마가 책으로 나오는 것을 아주 기쁘게 생각한다. 그냥 말로써 꾸민 글이 아니라 현장에서 실천한 기록이기 때문이다. 그래서 이 책 『적극행정, 말이 아니라 행동이다』는 지역에서 일하고 지역을 위해서 일하는 모든 사람이 읽어야 한다고 생각한다.

추천사

홍순원
인천광역시 미추홀구 건축과장

  선배님과 함께한 시간은 제 공직 생활에서 무엇과도 바꿀 수 없는 자산이었다. 건축과장과 도시재생국장 재임 시, 늘 주민을 중심에 두고 현장을 누비셨고, 실무 차원에서 어렵다고 여겨진 사안도 직접 돌파구를 찾고 관행을 깨며 실행 가능한 대안을 제시하셨다. 그 과정에서 보여주신 열정과 집념, 그리고 끝까지 밀어붙이는 추진력은 공직자의 모범이었다. 선배님은 언제나 '가능한 해법'을 끝내 성과로 연결하는 분이었다.

  무엇보다 주민 안전을 최우선 가치로 삼으셨다. 사고 위험이나 재난 상황이 발생하면 가장 먼저 현장에 서서 끝까지 책임을 다하셨고, 단순한 대책이 아닌 실질적 해법을 실행으로 옮기셨다. 이는 행정을 책임으로 여기는 공직 정신의 참모습이었다.

  이 책에는 그런 행정 철학과 행동의 여정이 고스란히 담겼다. '주민 중심'에 대한 확고한 신념, 끈질긴 문제 해결 의지, 그리고 행정이 왜 사람을 향해야 하는지에 대한 깊은 통찰이 각각의 사례마다 배어 있다. 경험담을 넘어, 행정의 본질과 방향을 다시 생각하게 하는 진정성 있는 기록이다.

『적극행정, 말이 아니라 행동이다』는 현직 공직자에게는 적극행정의 나침반, 공직을 준비하는 이들에게는 자세와 방법을 배우는 안내서가 될 것이다. 저 역시 함께 근무하며 제도개선과 정책 실현에 그치지 않고, 민원 갈등을 풀고 주민의 안전을 지켜내는 현장을 곁에서 지켜보며 큰 교훈을 얻었다. 선배님은 늘 '좋은 행정은 대안을 제시하는 행정'이라 강조하셨고, 저는 그 진실을 현장에서 확인했다. 20여 년을 동고동락한 동료로서 말한다. 선배님의 행정은 '현장 중심' 네 글자로 요약된다.

이 책이 널리 읽혀 더 많은 실행과 혁신을 이끄는 밑거름이 되기를 진심으로 기원한다.

추천사

권도국
인천광역시 계양구 가족센터장

이 책 『적극행정, 말이 아니라 행동이다』의 저자 최영호님은 성실함과 전문성을 겸비한 공직자이자, 따뜻한 인간미로 신뢰를 쌓아온 분이다. 2002년에 업무적으로 처음 만나 인연을 맺은 이후, 오랜 세월 인간적인 교감과 신뢰를 이어온 인생의 선배이자, 삶의 자세와 가치를 일깨워준 분이다. 언제나 긍정적인 마인드로 세심히 살피며, 현장의 문제에 즉시 대응하고 실질적인 개선책을 제시하셨다. 시간이 흐르며 자연스레 '형'이라 부르게 되었고, 그 호칭에는 한 사람으로서 느낀 진정성과 깊은 신뢰가 담겨 있다.

그는 늘 말보다 행동으로 자신의 행정을 증명해 왔다. 우리가 일반적으로 아는 복지부동하다는 공무원과는 달리, 1년 365일 공직자로서의 사명감과 책임감을 가슴속에 품고 살아오셨다. 문제의 본질을 끝까지 파고들어 결국에는 해법을 만들어내는 집념과 책임감은 공직자의 본보기라 할 만하다.

또한 세 가지 기술사 자격을 취득할 만큼 꾸준히 배우고 연구하며, 복잡한 기술 행정을 주민의 언어로 풀어내는 소통력은 그가 가진 가장 큰 강점이었다. 끊임없이 성장하려는 그 태도에서 '행정의 달인'이라는 명예는 자연스럽게 따라온 결과였다.

이번에 출간한 책은 공직자로서의 여정이자, 적극행정의 발자취를 생생히 담은 귀중한 기록이다. 행정을 단순한 직업이 아니라 '책임 있는 태도'로 바라보는 이들에게 깊은 울림을 줄 것이다. 각 장의 사례는 민원 하나, 제도 하나가 주민의 삶을 얼마나 바꿀 수 있는지를 보여준다. 진심과 실천이 만날 때 비로소 변화가 시작된다는 사실을 조용하지만 묵직하게 전하고 있다. 공직에 입문하려는 분들과 현직 공직자 모두에게 자신 있게 권하고 싶다.

일러두기

1. 이 책에 담긴 사례들은 주로 2010년부터 2019년까지, 제가 현장에서 직접 부딪치며 겪었던 기록입니다. 시간이 흐르며 법·제도·환경은 달라졌지만, 사례의 본질은 변하지 않습니다. 중요한 것은 조항이나 절차가 아니라, 문제를 어떻게 바라보고 풀어냈는가에 있습니다. 독자께서도 그 과정의 의미에 주목해 주시길 바랍니다.

2. 이 책은 저 혼자의 손으로 쓰인 결과물이 아닙니다. 건축과 팀장·과장으로 일하던 시절, 저는 늘 혼자가 아니었습니다. 현안이 생길 때마다 작은 TF(태스크포스)를 꾸리고, 늦은 시간까지 논의하며 대안을 실행으로 이어갔습니다. 그때 땀 흘리며 뜻을 모아준 동료들이 있었기에 오늘의 성과가 가능했습니다. 이 책을 통해 다시 한번 깊은 감사와 존경을 전합니다.

3. 지명은 시대의 변화를 반영해 표기했습니다. '인천 남구'는 2018년 6월 30일까지, '미추홀구'는 2018년 7월 1일 이후의 명칭으로 기록했습니다. 행정구역의 이름이 바뀌어도, 그 안에서 살아가는 사람들의 삶과 희망은 한결같음을 함께 느껴 주시면 좋겠습니다.

4. 공직의 길은 법규만으로 완성되지 않습니다. 법이 미처 닿지 못한 곳에서, 누군가가 억울함과 불이익을 겪지 않도록 공감과 책임의 자세로 임해야 합니다. 빈틈을 메우기 위한 제도 보완과 끝까지 책임지는 태도, 그것이 제가 믿고 걸어온 길이었습니다. 이 책은 그 발자취이자, 함께한 사람들의 땀과 눈물이 스민 기록입니다.

5. 본서의 목적은 단순하지 않습니다. 책상 위 민원 한 장이 누군가의 삶 전체를 바꿀 수 있음을 알리고 싶었습니다. 작은 시도가 결국 현실을 움직이고, 의미 있는 진전으로 이어질 수 있음을 보여주고자 했습니다. 사람을 향한 행정, 끝까지 책임지는 행정이 결국 세상을 바꿀 수 있다는 확신을 이 책에 담았습니다. 이 기록이 독자 여러분께도 작은 통찰과 용기의 불씨가 되기를 바랍니다.

6. 용어 사용은 독해의 일관성을 위해 구분하였습니다. 지자체 맥락(특히 인천 미추홀구)에서는 '주민', 국가 일반·보편적 행정 맥락에서는 '시민' 또는 '국민'을 사용했습니다. 이는 단어의 구분을 넘어, 제가 만났던 얼굴들을 더 정확히 담아내려는 배려입니다.

차례

프롤로그 ··· 004
추천사 ··· 006
일러두기 ··· 012

제1장 적극행정, 나의 길이 되다

1. 삶으로 증명한 적극행정
    1-1. 늦게 시작한 공직, 더 뜨거운 열정 ················· 024
    1-2. '혁신'과 '안전', 나의 공직 좌표 ···················· 025
    1-3. 메모와 열정이 만든 성과 ·························· 026

2. 아버지의 땅, 나의 행정
    2-1. 아버지의 선택, 가족의 시련 ······················· 027
    2-2. 도시로 이주, 아버지의 마지막 당부 ··············· 028
    2-3. 삶의 방향을 바꾼 한마디 ·························· 029
    2-4. 어머니의 한을 풀고, 뜻을 현실로 ················· 029

3. 나의 길을 밝혀준 사람들
    3-1. 멘토, 공직의 길잡이 ································ 031
    3-2. 방향을 잡아준 사람들 ····························· 032

4. 누군가의 길잡이가 되었던 시간
    4-1. 강단에 선 선배, 현장을 말하다 ··················· 033
    4-2. 조언보다 방향을 함께 찾는 멘토 ·················· 034

5. 실천으로 말하는 강의
    5-1. 현장 경험에서 우러난 강의 ······················· 036
    5-2. 강의로 피운 변화의 불씨 ·························· 037

제2장 적극행정 실천 사례 ① - 안전

1. 인천 '피사의 아파트', 10년 만에 바로 세우다
- 1-1. 기울어진 이유는 지반, 원인은 제도 ·············· 043
- 1-2. 법의 틈을 메운 '의지 행정' ·············· 044
- 1-3. 불가능 속에서 찾은 복원의 길 ·············· 046
- 1-4. 10년간 아무도 해결하지 못한 이유 ·············· 049
- 1-5. 위험 방치와 행정 불신 ·············· 052
- 1-6. 실천적 접근으로 찾은 해법 ·············· 054
- 1-7. 사고가 드러낸 제도개선의 필요성 ·············· 059
- 1-8. 민·관이 함께 이룬 복원 ·············· 062
- 1-9. 남긴 것과 배운 것 ·············· 064

2. 생명을 구한 강제 대피 5분
- 2-1. 기습 폭우, 쇠퇴한 마을의 위기 ·············· 066
- 2-2. 명절 비상근무, 위기 앞의 선제 대응 ·············· 067
- 2-3. 대피 거부, 설득과 강제의 갈림길 ·············· 070
- 2-4. 5분 전, 모두를 살린 판단 ·············· 071
- 2-5. 생명을 지키는 공직의 본분 ·············· 073

3. 사고는 예방으로, 위기는 협업으로
- 3-1. 기상특보 '사전 조치' 체계(MMS) ·············· 075
- 3-2. 현장 '합동대응' 프로토콜(크레인) ·············· 078

4. 『사회복지 안전관리 실무』 발간
- 4-1. 실무 안전지침서의 필요성 ·············· 084
- 4-2. 현장에서 출발한 안내서 ·············· 085
- 4-3. 복지는 안전에서 시작된다 ·············· 086

5. 예측 불가능한 위기에서 지켜야 할 원칙과 유연성
- 5-1. 위기 상황에서 침착하게 경청하는 자세 ·············· 087
- 5-2. 투명한 절차와 꾸준한 대화로 신뢰를 쌓아 가기 ·············· 088

6. 소결 : 현장의 답을 찾아서 ·············· 090

제3장 적극행정 실천 사례 ② – 제도개선

1. "집이 바뀌었어요!" (뒤바뀐 건축물 동·호수 바로잡기)
    1-1. 집의 좌표가 바뀐 사람들 ………………………… 096
    1-2. 경매가 드러낸 진실 ………………………………… 097
    1-3. 동·호수가 바뀌는 문제, 왜 생기나? ……………… 098
    1-4. 현실적 접근과 최적 해법 ………………………… 099
    1-5. 설득으로 바꾼 국토교통부 해석 ………………… 104
    1-6. 대통령 표창을 받은 제도개선 …………………… 106
    1-7. 민원에서 법 개정까지 …………………………… 107

2. 종이에서 디지털로, 건축심의 혁신
    2-1. 종이 도면의 한계 ………………………………… 111
    2-2. 예산 없이 만든 디지털 심의 ……………………… 114
    2-3. '3無 시스템'의 탄생 ……………………………… 115
    2-4. 종이 160만 장 절감, 수천 시간 절약 …………… 116
    2-5. 제도개선과 전국 확산에 기여 …………………… 117

3. 현장을 바꾸는 힘, '제도개선 동아리'
    3-1. 주민의 억울함을 다시 보다 ……………………… 120
    3-2. 불편과 안전에서 출발한 혁신 …………………… 122
    3-3. 운영 구조와 방식 ………………………………… 123
    3-4. 현장을 바꾼 주요 사례 …………………………… 124
    3-5. 공감 행정이 바꾼 내일 …………………………… 136
    3-6. 제도개선 씨앗이 된 두 가지 경험 ……………… 137

4. 도시의 애물단지를 마을의 보물단지로
    4-1. 빈집 문제와 '깨진 유리창 이론' …………………… 140
    4-2. 추진 배경과 정책 대응 …………………………… 141
    4-3. 빈집 실태조사와 등급 분류 ……………………… 143
    4-4. 활용 전략 : 리모델링·협약·인센티브 …………… 144
    4-5. 재활용 주요 사례 ………………………………… 146
    4-6. 버려진 공간, 도시재생의 씨앗 …………………… 150

5. 소결 : 불합리·불편을 제도개선으로 풀다 …………… 152

제4장 적극행정 실천 사례 ③ – 의미 있는 도전

1. 아이디어 마켓(Idea Market) 제안
- 1-1. 생각 하나로 시작한 변화 ………………………………………… 158
- 1-2. 아이디어 현실화 플랫폼 ………………………………………… 159
- 1-3. 학생 혁신 사례 : 일상에서 시작된 해결 ……………………… 162
- 1-4. 지역 혁신의 씨앗 (의의와 파급효과) ………………………… 164

2. 어린이 차량 방치 사고 예방
- 2-1. 사고 심각성과 제도 한계 ………………………………………… 167
- 2-2. 국내 차량 질식 사례 ……………………………………………… 168
- 2-3. ICT 기반 예방 기술 제안 ………………………………………… 169
- 2-4. 현장에서 얻은 교훈 ……………………………………………… 171

3. 장애인 복지관 공사 중단 사태 해결
- 3-1. 뜻밖의 발령과 공사 중단 ………………………………………… 174
- 3-2. 현실적 해법 찾기 ………………………………………………… 175
- 3-3. 보이지 않는 자리의 노력 (교훈 : '공직에 한직은 없다') ……… 176

4. 착한 건축과 : 작은 실천의 온기
- 4-1. 동전에서 시작된 연대 …………………………………………… 178
- 4-2. 짧은 만남, 오래 남은 온기 ……………………………………… 179

5. 학교 유휴부지 활용 제안: 지역과의 상생
- 5-1. 도심 주차난의 배경과 해결 방향 ……………………………… 181
- 5-2. 학교 운동장, 주차난 해소와 생활SOC의 거점으로 ………… 183
- 5-3. 복합화의 전략적 가치 …………………………………………… 186
- 5-4. 국내외 사례와 실효성 검토 ……………………………………… 187
- 5-5. (정부 제안) 학교 유휴부지 활용 및 생활SOC 확산 전략 …… 191

6. 소결 : 다양한 시도가 만든 의미 있는 변화 ………………………… 194

제5장 적극행정, 문화가 되려면

1. 제도는 문을 열고, 사람은 움직인다
    1-1. 시작은 마음에서 ········· 200
    1-2. 제도가 열린 뒤의 변화 : 면책·사전 컨설팅의 효과 ········· 201

2. 과장이 여는 팀의 혁신
    2-1. '과(課)' 중심 행정과 팀워크 ········· 203
    2-2. '집단지성'은 리더의 열린 태도에서 ········· 204
    2-3. 한마디가 바꾸는 조직 ········· 205

3. 협업이 조직을 움직인다
    3-1. 협업 없는 적극행정은 없다 ········· 206
    3-2. [사례] 크레인 전도 : 유관기관 협업 프로토콜 ········· 207
    3-3. 평소의 인식과 실천 ········· 208

4. 업무보고를 '생각 훈련장'으로
    4-1. 보고서로 훈련하는 사고력 ········· 209
    4-2. 보고 형식이 만든 적극행정 ········· 210

5. 열정은 태도에서, 성과는 실행에서
    5-1. 긍정에서 자라는 열정 ········· 211
    5-2. [사례] 함평나비축제 : 엉뚱한 상상의 실행 ········· 212
    5-3. 끝내 해내는 건 사람의 마음 ········· 213

6. '안전한 방관'의 역설을 넘어서
    6-1. 실수는 문책, 방관은 무사? ········· 215
    6-2. 면책은 인센티브보다 절실 ········· 216
    6-3. 방관에도 책임을 묻자 ········· 218

7. 공직 혁신, 내가 시작한다
    7-1. 멈춰 선 공직을 움직이다 ········· 220
    7-2. 한 사람의 결심이 바꾸는 일상 ········· 221

8. 적극행정을 '문화'로 만드는 조건
    8-1. 구호를 넘어 일하는 방식으로 ········· 223
    8-2. 리더가 만드는 행동 문화 ········· 224
    8-3. 함께하는 동료의 용기 ········· 224

제6장 적극행정, 거창하지 않아도 충분하다

1. '담당자 부재' 대신 '제가 돕겠습니다'
- 1-1. 원칙 : '담당자 부재'가 책임 부재는 아니다 ·················· 230
- 1-2. 실행 : 즉시 응대의 언어 ·················· 231

2. '우리 소관 아님'을 넘어서
- 2-1. 원칙 : '소관'보다 '연결'이 먼저다 ·················· 233
- 2-2. 실행 : 동행과 안내 ·················· 234

3. '선례 없음'의 두려움 깨기
- 3-1. 원칙 : 공익 기준으로 판단하기 ·················· 235
- 3-2. 실행 : 함께 판단·기록·사전 컨설팅 ·················· 236

4. '지침 탓'의 벽을 전환의 기회로
- 4-1. 지침, 기준인가 한계인가? ·················· 237
- 4-2. 멈춤이 아닌 전환 ·················· 238

5. 민원, 진심으로 마주하기
- 5-1. 민원의 무게 ·················· 239
- 5-2. 대응의 세 가지 원칙 ·················· 240

6. 작은 배려도 적극행정이다
- 6-1. 작은 친절이 만든 큰 감동 ·················· 242
- 6-2. 순대국밥 한 그릇에 담긴 온기 ·················· 244

7. 규정 속 권리를 지키다
- 7-1. 규정 속 주민의 권리 ·················· 246
- 7-2. 원칙이 키우는 신뢰 ·················· 247

8. 행정, 마음을 담는 기술
- 8-1. 마음을 여는 언어 ·················· 249
- 8-2. 일상의 마음가짐이 만든 품격 ·················· 250

제7장 시대가 요구하는 문제 해결형 공직자

1. 공직자는 문제 해결자, 변화는 나부터
- 1-1. 문제 해결형 공직자의 조건 ········ 256
- 1-2. 변화는 지금, 나부터 ········ 257

2. 태도가 결과를 만든다
- 2-1. 바라보는 시각이 만든 결과 ········ 258
- 2-2. 준비된 자가 만드는 기회 ········ 259
- 2-3. 지금, 할 수 있는 것부터 ········ 260

3. 생각이 해결의 씨앗이다
- 3-1. 긍정적 사고의 힘 ········ 262
- 3-2. 고정관념을 깨는 시각 ········ 263
- 3-3. 공직사회 창의성, 이렇게 시작하자 ········ 264

4. 실행하는 공직자
- 4-1. 실행력은 용기다 ········ 266
- 4-2. 끝까지 해내는 책임감 ········ 267

5. 창의는 실행에서 탄생한다
- 5-1. 익숙함을 새롭게 보는 힘 ········ 268
- 5-2. 실천 없는 변화는 없다 ········ 269

6. 하루 0.1% 성장 : 메모의 힘
- 6-1. 펜 끝에서 시작된 습관 ········ 270
- 6-2. 생각을 묶는 메모, 혁신의 열쇠 ········ 271
- 6-3. 기록이 만들어낸 하루 0.1% 성장 ········ 273

7. 자투리 3시간의 힘
- 7-1. 바쁨 속의 허상 ········ 275
- 7-2. 자투리 3시간이 만든 변화 ········ 276
- 7-3. 작은 반복의 위대함 ········ 277
- 7-4. 10년 차 공직자의 1시간 ········ 278

8. 적극행정의 미래 : 연결과 융합
- 8-1. 융합이 만든 혁신 ········ 279
- 8-2. 새로운 공직자상 ········ 280

에필로그 ········ 282
출간후기 ········ 284

제1장

적극행정,
나의 길이 되다

…

 나는 민간 기업에서 일하다 서른에 공직에 입문했다. 출발은 늦었지만 그만큼 간절했고, 모든 것이 새롭게 다가왔다. 공직에서의 하루하루는 단순한 업무를 넘어, 사람들과 함께 세상을 조금씩 바꾸는 소중한 여정이었다. 그 여정의 무게는 때로 주민의 눈물과 동료의 땀으로 채워졌다.

 중학교 3학년 어느 날, 아버지께서 문득 이런 말씀을 하셨다.
 "너는 꼭 면서기가 되어라."
 그 말뜻을 알지 못하던 철부지였다. 그러나 그 한마디는 내 삶의 방향을 바꾸는 이정표가 되었다. 어릴 적, 우리 가족은 아버지의 작은 실수로 인해 복잡한 행정 절차 속에서 막막함을 겪어야 했다. 그 일을 통해 행정이 단순한 절차가 아닌 누군가의 삶에 깊은 영향을 미칠 수 있다는 사실을 깨달았다. '행정은 곧 정의이자 책임'이라는 인식을 어린 마음에 품고 자랐다.

 공직에 들어선 후, 수많은 이들과 마주했다. 삶의 지혜를 전해주신 선배들, 묵묵히 자리를 지키는 동료들, 그리고 행정의 손길을 기다리는 국민. 그분들 덕분에 '적극행정'이라는 가치를 이해하게 되었고, 더 나은 변화를 위한 길을 걸을 수 있었다. 행정을 통해 가장 깊이 깨달은 것은 '행정은 머리가 아닌 가슴으로 하는 일'이라는 점이다. 법과 규정이 기준이지만, 결국 사람을 향한 이해와 공감이 행정을 완성한다.

이제는 공직을 떠나 강사이자 연구소장으로서 경험을 나누고 있다. 여전히 마음 한편에는 '공직'이라는 이름이 남아 있다. 내가 배운 것들이 누군가에게 작게나마 도움이 된다면, 그것만으로도 충분히 의미 있는 삶이라 생각한다.

이 책은 내가 걸어온 길을 돌아보며, 그 속에서 얻은 고민과 배움, 그리고 적극행정의 가치를 나누고자 하는 소박한 시도다. 이 이야기가 따뜻한 울림으로 다가가기를 바란다. 그리고 이 책이 각자의 자리에서 더 나은 행정과 더 안전한 사회를 만들고자 애쓰는 모든 이들에게 조용한 힘이 되기를 진심으로 소망한다.

"마음을 살피는 행정이 삶을 바꾼다." 그 믿음이, 이 책의 첫 장을 여는 이유다.

삶으로 증명한
적극행정

1-1 늦게 시작한 공직, 더 뜨거운 열정

　1991년 수원시에서 건축 9급으로 첫 임용을 받았고, 1993년 2월 부천시에서 재임용되어 근무를 시작했다. 1995년 인천이 '인천광역시'로 승격·개칭된 뒤 얼마 지나지 않아 인천시로 전입했으며, 이후 30여 년간 건축직 공무원으로 일했다.

　공직 생활의 절반 이상을 인천 미추홀구에서 보내며 지역과 함께 호흡했고, 2023년 12월 31일 도시재생국장을 끝으로 정년퇴직했다. 이후 '홍익안전사회연구소'를 설립해 사회 안전 분야 연구에 전념하며 제2의 인생을 열었다. 그동안 쌓아온 적극행정의 경험을 지금도 다양한 강의와 자문을 통해 많은 이들과 나누고 있다.

　나는 전문성을 높이기 위해 재직 중에 건설안전기술사, 건축시공기술사, 건축품질시험기술사 자격을 취득했다. 이 자격과 지식은 주민의 안전을 지키고 현장의 문제를 해결하는 데 큰 힘이 되었다. 2006년 건설안전기술사 자격을 취득한 이후, 서울의 한 학원에서 연봉의 세 배 수준의 강사 제안을 받았다. 퇴직 후에도 여러 감리회사에서 높은 연봉을 제안했지만, 내 신념을 지키고자 다른 길을 택했다.

1-2 '혁신'과 '안전', 나의 공직 좌표

국가는 내가 일할 기회를 주었고, 공직은 가족의 삶을 지켜 주었다. 그래서 늘 공직에 감사했고, 돈보다 의미 있는 일을 하고자 했다. 돌이켜보면 공직 생활이 결코 순탄하지는 않았지만, 크고 작은 위기 속에서도 끝까지 책임을 다하며 마무리할 수 있었던 것은 큰 축복이었다. 특히 팀장과 과장 시절이 전성기였으며, 그때 많은 성과를 이루고 큰 보람을 느꼈다.

나의 공직 인생을 한마디로 정의하면 '혁신'과 '주민 안전' 두 키워드로 요약할 수 있다. 이 두 가치는 지금의 나를 만든 핵심 축이다. 적극행정이 본격 제도화되기 이전인 2012년부터 전국 공공기관과 교육기관을 찾아다니며 내 경험과 사례를 공직자들과 나누어 왔다. 2020년에는 행정안전부가 선정한 정부혁신 교육 강사로, 현재는 인사혁신처 적극행정 강사로 활동 중이다.

'적극행정'이란 국민을 위해 불합리한 규제를 개선하고, 창의성과 전문성을 바탕으로 주도적으로 업무에 임하는 자세를 뜻한다. 한편, '소극행정'은 필요한 업무를 미루거나 소홀히 하여 국민 불편을 초래하는 것을 의미한다. 이 책에서는 법적 정의를 넘어, 현장에서 주민과 함께 문제를 해결하는 실제 행동으로서의 적극행정을 이야기하고자 한다. 관건은 '규정 준수'에 그치느냐가 아니라 '취지에 맞게 움직이느냐'다. 보다 정확한 법적 정의와 규정은 '적극행정 운영규정(대통령령)'을 참고하길 바란다.

1-3 메모와 열정이 만든 성과

건축팀장과 과장으로 일하던 시절, 직원들은 나를 '메모광'이라 부르며 아이디어와 열정이 넘치는 사람으로 기억했다. 지금도 하루 세 장의 메모를 한다. 40년 가까이 이어 온 나만의 습관이다. 이 메모는 생각을 정리하고 아이디어를 발굴하며, 행정의 불합리한 구조를 개선하는 데 든든한 도구가 되었다.

이러한 열정은 실제 성과로 이어졌다. 2013년, 도시재생 분야에서 제3회 '지방행정의 달인'으로 선정되었다. 그리고 2017년에는 건축과장으로 재직 중, 직원들과 함께 주민 재산권 침해 문제를 해결하여 제2회 적극행정 경진대회에서 대통령 표창을 받았다.

오늘날 적극행정은 시대의 요구다. 공직은 단순히 일을 처리하는 자리가 아니라, 문제를 해결하고 국민의 삶을 변화시키는 무대다. 이 책은 내가 2007년 5월 인천광역시(이하 '인천시')에서 남구로 전입한 이후 추진해 온 다양한 적극행정 사례를, 후배 공직자들과 나누고자 하는 마음으로 집필했다. 각자의 자리에서 더 나은 행정, 더 안전한 사회를 만들어 가려는 이들에게, 이 책이 작지만 분명한 영감과 동기부여가 되기를 바란다.

2
아버지의 땅, 나의 행정

2-1 아버지의 선택, 가족의 시련

아버지는 평범한 시골 농부이셨다. 큰 욕심 없이, 세상을 느긋하게 살아가던 분이셨다. 1965년, 아버지는 급전이 필요해 동네 지인에게 돈을 빌렸고, 이듬해 약속대로 갚으셨다. 문제는 그다음이었다. 지인은 담보로 맡긴 아버지의 등기권리증을 돌려주지 않았다. 오히려 1967년 자신이 보훈가족이라는 점을 내세워 원호청(현 국가보훈부)으로부터 저리 대출을 받기 위해 아버지 땅을 무단으로 담보 설정한 것이다.

당시는 등기나 담보에 대한 인식이 부족하던 시절이었다. 아버지는 "돈을 갚았으니, 땅도 당연히 돌아오겠지" 하고 믿으셨지만, 지인은 그 틈을 노려 땅을 자기 명의로 등기하고 국가를 근저당권자로 설정해 버렸다. 1,200평에 달하는 그 땅은 아버지의 전 재산이었다. 그러나 그렇게 되자 소유권은 복잡하게 얽혔고, 세월이 흐른 뒤 지인이 세상을 떠나면서 땅은 법적으로 '공중에 떠 있는' 상태가 되었다.

우리 가족은 여전히 그 땅에서 농사를 지었지만, 서류상으로는 남의 땅이었다. 어머니는 땅을 되찾기 위해 소를 키워 팔아 변호사 비용을 마련했고, 수차례 소송을 벌였으나 매번 고배를 마셔야 했다. 어느새, 땅을 되찾는 일은 불가능해 보이기 시작했다.

2-2 도시로 이주, 아버지의 마지막 당부

1980년, 우리는 시골 생활을 접고 경기도 안양의 단칸방으로 이사했다. 낯선 도시, 좁은 방, 익숙하지 않은 삶. 그로부터 몇 달 뒤, 아버지는 세상을 떠나셨다. 평생을 판단 착오에 대한 자책과 가족에 대한 미안함 속에서 살아오신 분이었다. 술이 들어가면 어머니와 다툼도 잦았고, 세상에 대한 원망을 입에 올리기도 하셨지만, 나에게는 늘 한 가지를 강조하셨다.

"너는 꼭 면서기가 되어라. 그리고 어려운 사람들 편에 서서 일해라."

아버지의 그 한마디는 절망 속에서도 다시 일어설 힘이 되었고, 그 당부는 나와 우리 가족이 세상을 살아가는 방식이 되었다. 나는 그 말을 가슴 깊이 새기며, 행정이 정의로울 수 있기를 늘 바랐다. 그 뜻은 내 안에 깊이 새겨져, 작은 정의라도 놓치지 않고 지키려는 굳은 의지가 되었다. 그 말은 이제 후배들에게 전하고 싶은 유산이 되었다. 공직은 직업이 아니라, 억울한 이들의 편에 서는 책임이라는 것.

2-3 삶의 방향을 바꾼 한마디

군 복무를 마친 뒤인 1987년, 나는 기아자동차에 입사해 약 3년간 안정적인 직장 생활을 했다. 당시 공무원 시험에 특별한 관심은 없었지만, 박문각 고시학원 교재를 판매하던 친한 형님의 권유가 있었다.

"공무원 시험 한번 봐라."

처음엔 "월급도 적은데 왜?"라며 웃어넘겼다. 그러나 형님과의 대화를 거듭하면서 내 마음에 변화가 생겨났다.

'안정적인 삶도 중요하지만, 누군가를 위한 일을 해 보는 건 어떨까. 아버지의 말씀처럼 어려운 사람들 편에 서서 살아 보는 건…'

결국 공무원 시험에 도전했다. 첫 번째 시험은 낙방했지만, 두 번째 도전 끝에 1991년 수원시 건축 9급으로 공직의 길에 들어설 수 있었다.

그러나 마음속 열정만으로는 미래를 그릴 수 없었다. 보다 넓은 분야에서 일하고 싶어, 1년 후 행정 7급 시험 준비를 위해 사직했다. 하지만 가정 형편이 넉넉지 않아 전념하기 어려워서, 다시 건축 9급에 재합격해 부천시에서 공직에 복귀했다.

2-4 어머니의 한을 풀고, 뜻을 현실로

공직자가 된 이후, 어머니를 모시고 시골에 내려갈 때마다 나는 아버지의 땅 이야기를 기록하기 시작했다. 그 땅을 바라보는 어머니의 눈빛에는 말로 다 할 수 없는 깊은 설움과 억울함이 서려 있었다. 나는 꼭 그 한을 풀어드리고 싶었다. 어머니의 기억을 바탕으로 동네 이장님과 어르신들의 증언을 모으며, 하나하나 사실관계를 정리했다.

"그 땅은 너희 집 것이 맞다."

"돈도 다 갚았고, 안양으로 이사 간 뒤에도 고모가 재산세를 내며 농사를 지었잖아."

모두가 그렇게 말해주었다. 하지만 법은 냉정했고, 현실의 벽은 높기만 했다.

"돌파구는 법 밖이 아니라 법 안에 있었다."

2006년, 「부동산소유권 이전등기 등에 관한 특별조치법」이 시행되었다. 등기부와 실제 소유가 어긋난 토지에 간소한 절차로 소유권을 바로잡게 한 한시법이었다.

나는 수년간 정리한 자료를 들고 군청에 확인서를 신청했다. 마침내 1,200평의 땅이 가족의 품으로 돌아왔다. 어머니는 평생의 설움을 내려놓으셨고, 나는 "어려운 사람의 편에 서라"는 아버지의 당부에 한 걸음 더 다가섰다.

그 말은 내 공직 생활의 나침반이 되었다. 가족의 억울함을 딛고, 주민의 삶을 개선하는 작지만 의미 있는 역할. 그것이 내가 행정을 선택한 이유였다.

나의 길을 밝혀준 사람들

3-1 멘토, 공직의 길잡이

공직 생활은 국민의 삶과 직결되는 결정을 내려야 하는 자리다. 이런 무게 속에서 방향을 잃지 않기 위해 반드시 필요한 존재가 있다면, 바로 '멘토'다. 멘토는 고민을 털어놓을 수 있는 조언자이자, 삶의 태도와 가치관을 몸소 보여주는 인생의 스승이다.

'멘토'라는 말은 『오디세이아』의 조언자 '멘토르'에서 유래한다. 그는 오디세우스의 아들을 바른길로 이끌었고, 공직사회에서의 멘토 역시 나의 여정을 밝혀준 등불과 같은 존재였다.

실력과 신뢰를 갖춘 선배와의 관계는 직장 생활의 질을 좌우한다. 정보가 넘쳐나는 요즘 시대, 무엇을 믿고 어떤 결정을 내려야 할지 혼란스러울 때, 멘토의 사고방식과 문제 해결 방식은 중요한 기준이 된다.

멘토의 한마디는 때로 수많은 매뉴얼보다 더 깊이 가슴에 남는다. 나에게 가장 오래 기억에 남는 조언은 "너무 두려워하지 말고 많이 시도해 보라"는 선배의 말이었다. 주저하지 않고 끊임없이 도전할 때 비로소 길이 열린다는 뜻이었다. 이 가르침은 내 공직 생활의 든든한 밑거름이 되었다.

3-2 방향을 잡아준 사람들

그들을 가까이서 관찰하고 따라 하다 보면, 자연스럽게 나만의 판단 기준이 생기고, 갈림길 앞에서 방향을 정할 수 있게 된다. 공직 생활에서 분야별, 성향별, 인생의 국면별로 따르고 싶은 세 명쯤의 멘토가 있으면 든든한 버팀목이 될 수 있다.

나 역시 존경하는 멘토 세 분을 마음속에 품고, 그들을 관찰하고 따라 배우려 노력했다. 적극행정의 길 위에서 멘토는 나침반이자, 나를 성장시키는 가장 확실한 길이었다. 그분들의 말 한마디, 행동 하나하나가 제게는 배움이자 동력이었다.

때로는 흔들릴 때마다 그들의 선택과 행동방식을 떠올리며 다시 중심을 잡을 수 있었다. 멘토는 항상 앞서 걷는 사람처럼 보였지만, 돌아보면 언제나 제 곁에서 묵묵히 길을 밝혀준 분들이었다. 결국, 공직의 길에서 누구를 스승으로 삼고 어떤 사람을 따라가느냐에 따라 나의 시선과 선택이 달라진다.

이를 가장 잘 드러내는 비유가 있다. 드라마 「미생」 속 대사처럼, "살면서 누구를 만나느냐에 따라 인생은 달라질 수 있다. 파리 뒤를 쫓으면 변소 주변을 맴돌겠지만, 꿀벌 뒤를 쫓으면 꽃밭을 함께 거닐게 된다." 나에게 멘토는 꽃밭으로 이끄는 꿀벌과 같았다.

4
누군가의
길잡이가 되었던 시간

4-1 강단에 선 선배, 현장을 말하다

나는 수년간 '문제 해결 능력이 당신의 경쟁력'이라는 주제로 전국 각지의 강단에 섰다. 단순한 이론이나 매뉴얼이 아니라, 직접 현장에서 부딪치며 해결했던 경험을 후배들과 나누고자 했다.

다양한 기관에서 만난 수많은 이들과의 만남은 나에게도 큰 자산이 되었다. 강의 중 눈을 맞추며 나누는 미소와 고개 끄덕임 속에서, 나 역시 초심을 되새겼다. 후배들의 눈빛에서 두려움과 희망이 교차하는 것을 볼 때, 나는 그들에게 작은 등불이 되어야겠다고 다짐했다.

인천시 신규자 과정.
2019.07.10.

항부숙 특강.
2020.07.04.

인천도시공사 특강.
2024.02.26.

가장 기억에 남는 강의로는 인천시 신규 공직자 교육, 한국지방자치경영연구소(이하 '향부숙') 특강, 인천도시공사 특강 등이 있다. 강의가 끝난 뒤에는 "좋은 말씀 감사합니다"라는 간단한 인사부터 "선배님처럼 적극적인 공직자가 되고 싶습니다"라는 진심 어린 고백까지 다양한 반응이 이어졌다. 특히 그 속에는 공직에 첫발을 내딛은 이들의 설렘과 불안, 기대가 공존하고 있었다.

몇 년이 흐른 뒤 모르는 번호로 전화가 걸려올 때가 있다. "그때 강의 들었던 ○○입니다. 현재 ○○구청에서 근무 중인데, 민원 때문에 많이 힘듭니다"라는 목소리를 들으며 나는 어느 날의 나를 떠올린다. 그리고 내가 경험한 민원 사례, 갈등 해결법, 마음을 돌린 한마디를 전한다.

때로는 일에 관한 고민을 넘어 인생의 방향과 조직 내 인간관계에 관한 깊은 이야기도 나눈다. 그럴 때면 선배 공직자로서의 무게를 새삼 느낀다. 전화를 끊으며 "정말 큰 힘이 되었습니다"라는 말을 들으면, 누군가에게 작은 등불이 되었다는 사실을 실감한다. 어두운 길에서 잠시 길을 잃은 이들에게 나의 이야기가 한 줄기 빛이 될 수 있다는 것이, 이 공직 여정에서 가장 큰 보람이었다.

4-2 조언보다 방향을 함께 찾는 멘토

공직 생활 중 업무 분야나 직렬이 달라도 판단의 갈림길에서 고민하는 후배들이 종종 찾아왔다. 법과 규정은 명확하지만, 현실은 예외와 회색지대로 가득하다. 나는 그들에게 단순한 답을 주기보다 문제를 바라보는 관점과 고민의 방향을 함께 나누려 했다.

공직은 성과(숫자)로만 평가되지 않는다. 오히려 더 중요한 것은 몸가짐과 태도(身), 언어의 품격(言), 글쓰기의 설득력(書), 그리고 복잡한 상황에서 균형을 잡는 판단력(判)이다. 이른바 '신언서판(身·言·書·判)'이라 불리는 네 가지 내면 역량은 말과 글로 가르치기보다, 자신의 일상과 선택으로 보여주며 증명해야 할 공직자의 자질이다.

진정한 멘토란 후배에게 단순한 답을 주는 사람이 아니라, 스스로 기준을 세우고 행동으로 길을 보여주는 사람이다. 때로는 조언 한마디, 공감의 손길이 누군가 무너진 마음을 붙잡는 힘이 되기도 한다. 내가 그 손길이 될 수 있었다는 사실이, 공직 시절 가장 값진 순간이었다고 생각한다.

5

실천으로 말하는 강의

5-1 현장 경험에서 우러난 강의

나의 오랜 공직 경험과 아버지의 유언에서 비롯된 소명의식은 강사로서 가장 큰 자산이 되었다. 지난 13년간 지자체, 공공기관, 인재개발원, 사회복지시설 등에서 강의를 진행하며, 단순한 이론이 아닌 직접 실행한 사례를 중심으로 강의해 왔다. 특히 향부숙 교육에 참여한 지자체 공직자들이 제 강의를 듣고 각 기관에 적극행정과 규제개혁 강사로 초빙해 주신 점에 깊이 감사드린다.

나는 건축, 안전, 사회복지 등 다양한 분야에서 현장 문제를 해결해 온 실무형 공직자로서, 적극행정의 본질을 현장 언어로 풀어 전달해 왔다. 예를 들어, 비효율적이던 종이 도면 기반의 건축심의를 전자심의(디지털 심의)로 전환하고 이를 전국으로 확산시킨 경험, 그리고 추석 전날 비번이었지만 사전에 옹벽 붕괴 위험을 감지해 어르신 8명을 긴급 대피시킨 사례는 적극행정이 '사람을 지키는 행동'임을 분명히 보여준다.

| 경기 광명시 | 충북 괴산군 | 경기 안성시 |
| (투데이 경인, 2021.11.11.) | (대전일보, 2021.11.21.) | (뉴스미디어, 2024.08.30.) |

5-2 강의로 피운 변화의 불씨

퇴직 이후, 사회복지시설 종사자와 예비 사회복지사를 대상으로 안전 실무 교육을 이어가고 있다. 강의에는 유머, 퀴즈, 사례 영상 등 다양한 도구를 활용해 참여자들이 몰입하고 공감할 수 있도록 했으며, 이를 통해 자연스럽게 실천 의지를 북돋우고 있다. 공직은 절차를 처리하는 곳이 아니라 국민의 삶을 바꾸는 현장이라고 믿는다. 그래서 '내가 직접 경험한 적극행정'을 바탕으로, 각자의 자리에서 구체적인 행동으로 이어질 수 있도록 돕는 데 초점을 맞추고 있다.

적극행정은 공직사회의 비타민이다. 없어도 당장은 표 나지 않지만, 오래도록 결핍되면 조직은 점점 활력을 잃는다. 특히, '사람 중심의 접근법'이 현장에서 어떻게 작동하는지를 함께 고민하며, 공직자의 태도 변화가 실행으로 이어지는 접점을 찾는 데 집중하고 있다. 나는 강사가 단순한 지식 전달자가 아니라, 실천의 씨앗을 틔우는 '촉매자'라고 생각한다. 나는 이렇게 말하고 싶다. 적극 행정은 결코 거창한 것이 아니다. 눈앞의 한 사람을 지키려는 진심에서 출발한다. 앞으로도 그 불씨가 누군가의 행동으로 이어지기를 바라며, 조용하지만 뜨거운 마음으로 현장을 응원하는 사람으로 남고자 한다.

> **제1장 Key Point**
> 1. 공직의 현장은 일의 의미와 가치를 발견할 수 있는 삶의 무대다.
> 2. 오래 기억되는 사람은 말이 아닌 실천으로 진심을 보여준 사람이다.
> 3. 훌륭한 멘토는 길을 밝혀주는 등불이 되고, 선한 영향력은 조용히 다음 세대로 이어진다.

제2장

적극행정 실천 사례 ①
– 안전

대한민국은 200여 개 국가 중에서도 가장 빠른 경제 성장을 이룬 나라다. 그러나 그 눈부신 속도만큼, 우리가 놓치고 지나온 것도 적지 않았다. '빨리빨리', '대충대충'이라는 문화는 산업화와 도시화를 앞당겼지만, 그 이면에는 종종 '안전'이 뒷전으로 밀려났다. 그 결과, 우리는 지금도 크고 작은 사고가 반복되는 현실 속에서 살아가고 있다.

이제는 속도보다 '예방'이 중요하다. 정책의 최우선 가치는 국민의 생명과 안전이며, 대응보다 선제적 조치가 본질이다. 기술이 아무리 발전해도 안전이 먼저다. "호미로 막을 것을 가래로 막는다"라는 속담처럼, 초기 대응의 실패는 더 큰 피해와 비용으로 이어진다는 사실을 우리는 수없이 목격해 왔다. 공직자의 진짜 역할은 눈에 보이는 문제만 해결하는 것이 아니다. 보이지 않는 위험에도 외면하지 않고, 작은 이상 징후에도 '혹시나' 하는 마음으로 먼저 다가가는 것, 그것이 곧 적극행정의 본모습이다.

이 장에서는 내가 공직 생활 중 안전을 지키기 위해 끝까지 포기하지 않았던 실제 사례들을 담았다. 작게는 한 사람의 생명, 크게는 공동체 전체의 안전을 지켜낸 이 이야기들이, 공직자로서 우리가 왜 '적극행정'을 해야 하는지를 되돌아보는 계기가 되기를 바란다.

'설마' 하는 방관 대신 '혹시나' 하는 책임감으로 나아갈 때, 우리는 비로소 진짜 혁신을 만들 수 있다. 어쩌면 우리가 지키는 건, 법이나 규정이 아니라 누군가의 평범하고 소중한 하루일지도 모른다. 그래서 「헌법」 제7조 제1항은 말한다. "공무원은 국민 전체에 대한 봉사자이며, 국민에 대하여 책임을 진다"라고 규정한다. 후배 공직자 여러분, 안전 앞에서는 '설마'가 아니라 '혹시나'로 움직이길 바란다. 작은 선제 조치가 한 사람의 평범한 하루를 지켜 줄 수 있기 때문이다.

성장을 지탱하는 보이지 않는 힘, 안전 (출처 : 대한민국 정책브리핑)

① 인천 '피사의 아파트', 10년 만에 바로 세우다

아파트는 기울어져 있었다. 거실 바닥에 구슬을 놓자, 망설임도 없이 한쪽으로 굴러갔다.

문은 닫히지 않았다. 벽에는 깊은 균열이 번졌다.

주민들의 눈빛 속에는 공포와 체념이 뒤섞여 있었다. 나는 그 현장에 서 있었다. 언제 위험이 닥칠지 모르는 위태로운 건물. 그런데 그 안에서 아이들은 여전히 뛰놀고, 노인들은 하루하루를 버텼다.

행정 서류 속 숫자와 보고서로만 보던 문제가 눈앞의 현실로 다가오자, 숨이 막혔다. 책상 위 수치로 보던 균열과, 현장에서 마주한 균열은 왜 이렇게 다르게 다가오는가. 외면할 수 없었다.

KBS 뉴스, 2013.05.08.

YTN 뉴스, 2013.05.09. – 지반 침하 징후

1-1 기울어진 이유는 지반, 원인은 제도

이 장면은 단순한 에피소드가 아니었다.

주민들의 생활은 매일이 불편과 불안의 연속이었다. 밥상은 기울고 흘린 물은 늘 같은 방향으로 모였다. 옥상 다림추는 설계선에서 67㎝나 벗어나 있었다.

67㎝는 기술자에게는 숫자에 불과하지만, 주민들에게는 매일 겪는 '생활의 기울기'였다. 주민들은 하소연했다. "불안해서 못 살겠어요. 다 책임을 미뤄, 미뤄… 사람 죽는 꼴을 보려는 건지…."

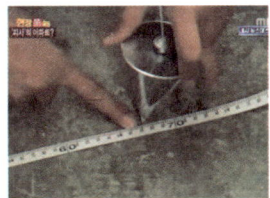 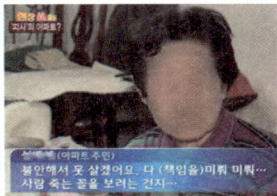 

MBC 뉴스데스크, 2012.11.01.

이 아파트가 위치한 인천 숭의동은 과거 갯벌을 매립해 조성된 지역으로 연약한 지반(지질)이라는 구조적 한계를 안고 있었다.

이러한 지반 위에 세워진 건물은 기초공사 과정에서 '부등침하'가 발생했고, 건물 한쪽이 지속적으로 내려앉았다.

> **용어 정리**
>
> **지반(지질), 본문 표기 원칙**
> - **지반조사**: 설계·시공을 위한 현장 지반 상태(층서, 강도, 지하수 등)를 파악하는 조사.
> - **지질조사**: 보다 넓은 범위에서 지질학적 특성과 지층 구조를 다루는 조사.
>   – 본 장에서는 독해 편의를 위해 '지반(지질)'을 병기하되, 법령 및 서식 명칭에서는 '지반조사보고서'로 통일한다.

그러나 당시 「건축법」은 '지반조사보고서' 제출 의무가 없었다. 설계자는 이를 생략할 수 있었고, 담당 공무원은 제출된 서류만 심사할 수밖에 없었다.

결국 건축주, 설계자, 감리자 누구도 책임 있게 대응하지 않았다. 법과 제도의 빈틈 속에서 주민들은 10년 가까이 위험을 감내해야 했다.

나는 그 현실을 마주하며 확신했다. 이건 단순한 건축 문제가 아니다. 제도의 허술함이 만든 사회적 위험이다.

1-2 법의 틈을 메운 '의지 행정'

아파트의 기울기는 누구의 눈에도 분명했다. 그러나 문제 해결은 한 발짝도 나아가지 못했다. 가장 큰 이유는 단순했다. '민간 소유 건물'이라는 한계였다. 법적 개입 의무도, 뒷받침 규정도 없

없다. 돌아온 답은 한 가지, '할 수 없다'였다.

이 말은 한계를 설명했지만, 내게는 무거운 질문이 되었다.

"그렇다면 주민들의 안전은 누가 책임지는가?"

당시 건축허가는 제출된 설계도서·구조계산서·구조안전확인서 등으로 심사되었다. 지반조사보고서가 제출 대상이 아니었기에, 행정은 서류 범위 밖의 위험 신호를 선제적으로 확인·요구하기 어려웠다. 즉 서류상 적법은 위험을 멈추지 못했다.

한편, 인천의 연약한 갯벌 지반은 이미 여러 차례 기울기와 붕괴 위험을 드러내고 있었다.

안전은 법조문이 아니라 그 안에서 사는 사람들의 일상에 있다.

나는 깨달았다. 법의 빈틈이 길을 막을 때, 다른 길을 찾아야 한다는 것. 적극행정은 법을 넘어서는 무리가 아니라, 빈틈을 사람 쪽으로 메우려는 책임에서 시작된다. 그때부터 목표는 분명해졌다.

"이 아파트를 반드시 바로 세운다. 불가능해 보여도 길을 찾는다."

이후 약 2년의 준비는 고난의 연속이었다. 법적·기술적 검토, 예산 확보, 주민 설득 등 어느 하나 쉽지 않았다. 그래도 믿었다. 끝까지 책임지면, 길은 만들어진다.

1-3 불가능 속에서 찾은 복원의 길

2011년 초, 나는 부구청장으로부터 호출을 받았다.
"피사의 아파트 문제, 정말 방법이 없는 겁니까?"
사실 이 업무는 내 담당이 아니었지만, 기술적 가능성만큼은 끝까지 검토하겠다고 말씀드렸다. 곧 "두 달 안에 해결 방안을 마련하라"는 지시가 내려왔다.

1) 철거만이 답이라는 벽

현장을 조사하고 안전 전문가 의견을 들었지만, 돌아온 답변은 냉정했다.
"이미 기울어짐이 진행됐습니다. 철거 외에는 방법이 없습니다."
일부에서는 "차라리 철거하고 주차장으로 쓰자"라는 의견까지 나왔다.
그러나 그렇게 하려면 구에서 건물 매입·철거 비용만 수십억 원. 주민 이주 문제와 예산 부족을 고려하면 사실상 불가능했다. 철거 중심의 결론은 현장 여건(예산·이주)을 충분히 담기 어려운 해법이었다.

2) 복원 가능성을 찾다

나는 다른 길을 찾아야 했다. 해법은 PR(Pile Reaction) 공법이었다. 지반 교란을 최소화하면서 압입하중을 정밀 계측해, 건물 기초를 단계적으로 상승시키는 방식이었다. 협소한 공간에서도 시공할 수 있다는 장점도 있었다.

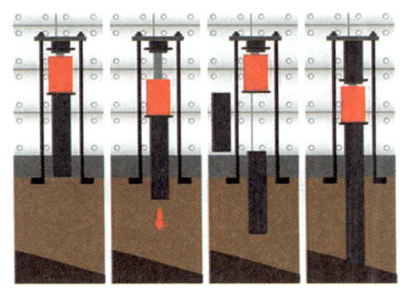

| PR(Pile Reaction) 공법 |

지반굴착을 하지 않고 기초판 하부로 강관을 압입하여 새로운 파일기초를 형성하는 공법으로, 침하된 구조물의 복원이나 연약 지반 보강을 하는 공법(차량을 들어 올릴 때 쓰는 잭 원리를 건물에 적용한 방식으로 이해하면 쉽다.)

PR 공법의 개념도 및 주요 내용 설명
(출처 : 고려이엔씨)

– 소형의 유압잭 사용으로 협소한 장소에서도 작업 가능
– 모든 파일에 대해 압입하중을 정량적으로 측정할 수 있음
– 비굴착·무진동 압입으로 기초 저면의 지반교란 없이 압입 가능

그러나 문제는 기초판 두께였다. 도면상 70㎝로 표기돼 있었지만, 실제로는 더 얇을 가능성이 있었다. 만약 얇으면, 복원 과정에서 기초판이 깨질 수 있어 건물 전체가 더 위험해질 수 있었다. 그럴 경우 복원은 그 자리에서 중단될 수밖에 없었다.

어렵게 주민 동의를 얻어 시추공 3개소를 천공했다. 드릴이 들어가는 순간, 현장에 있던 모든 시선이 한 점에 모였다.

천공 후 채취한 시료와 전문가 검토 결과는 예상 밖이었다. 기

초판 두께는 100㎝ 이상이었다. 그제야 복원의 가능성이 열렸고, 모두가 동시에 안도의 숨을 내쉬었다.

MBC 뉴스데스크, 2012.11.01.

기술적 해법이 보이자, 이제 남은 것은 사람의 마음이었다. 불안 속에서 10년을 살아온 주민들에게 또다시 공사를 감수하라고 설득하는 일. 이것이 더 큰 과제였다.

나는 주민들을 직접 만나 설명했고, 건축구조기술사와 함께 수차례 설명회를 열었다. 설명회 전날이면 구조전문가, 직원들과 늦은 밤까지 도면과 사진을 맞춰 보며 질의응답을 준비했다.

"철거가 아닌 복원, 안전한 일상으로 돌아갈 길이 있습니다."

끈질긴 대화와 신뢰 쌓기 끝에 주민들도 서서히 고개를 끄덕였다.

두 달 뒤, 법적·기술적 검토를 마친 복원 방안을 보고할 수 있었다. 비용은 매입·철거의 1/13 수준, 약 3억 5천만 원이었다.

무엇보다 주민들이 이주하지 않고 생활을 이어갈 수 있다는 점이 결정적이었다. 아이들 등하굣길과 어르신들의 생활 리듬을 흩

뜨리지 않았다. 철거만이 답이라는 고정관념 속에서, 복원의 길은 그렇게 열리기 시작했다.

설명회가 끝나갈 무렵, 한 어머니가 조심스레 손을 들었다. "아이가 밤마다 바닥이 고르지 않아 자꾸 깹니다. 평평한 바닥에서 자게 해 주세요."

그 한 문장이, 우리가 서둘러야 할 이유였다.

1-4 10년간 아무도 해결하지 못한 이유

아파트가 기울어진 것은 단순한 불운이 아니었다. 그 배경에는 허술한 제도, 전문가의 직업윤리 부재, 사라진 책임, 그리고 행정의 무기력이 얽혀 있었다.

1) 허술한 제도의 틈

건축 과정에는 설계자, 감리자, 시공자가 참여한다. 이들 중 단 한 사람이라도 제 역할을 다했다면, 이번 사태는 충분히 예방할 수 있었다. 특히 설계자는 지반 상태를 조사하고, 그에 맞는 기초 설계를 해야 했다.

그러나 앞서 기술했듯이 당시 「건축법」은 건축허가 과정에서 '구조계산서'와 '구조안전 확인서'만 요구했을 뿐, '지반조사 결과'는 제출 대상조차 아니었다. 이 허점을 틈타 설계자는 비용 절감을 이유로 조사를 생략했다.

담당 공무원은 제출된 서류만 검토할 수밖에 없었다. 해결이 10년 지연된 핵심 원인은 설계·감리·시공 전 단계의 책임 공백과 직업윤리 약화였다.

2) 기술자의 소명 부재

감리자는 설계대로 공사가 진행되는지 확인해야 하며 문제 발견 시 즉시 시정을 요구했어야 했다. 그러나 현실은 달랐다.

감리자는 건축주에게 비용을 받는 구조이다 보니 관계 악화를 피하려 침묵을 택했다.

시공자 역시 공사 기간 준수에 급급했다. 지반의 이상을 알면서도 적극적으로 대응하지 않았다.

설계·감리·시공 전 과정에서 '비용·관계·기간'의 압박이 겹치며 본연의 경계선이 흐려졌다. 결과적으로 체계의 허점이 주민에게 전가됐다.

직업윤리보다 이해관계가 앞섰고, 피해는 주민에게 돌아갔다.

3) 사라진 책임자, 남겨진 주민

문제는 거기서 끝나지 않았다.

준공 직후 건축주는 부도로 사라졌고 시공사는 폐업했다. 책임을 물을 대상은 모두 사라지고, 남은 것은 기울어진 건물과 그 속에서 살아가는 주민뿐이었다. 밤마다 벽에서 '뚝뚝' 떨어지는 소리가 난다고 주민들은 호소했다. 아이들은 경사진 방바닥에서 자주 넘어졌다.

"잠을 자도 무너질까 봐 깊이 잘 수가 없다."

이 호소는 단순한 불편이 아니었다. 매 순간을 위협하는 경고였다.

사각지대에 갇힌 주민들의 절규

4) 무기력한 행정과 깊어진 불신

주민들은 수백 차례 집회를 열며 구청과 관계 기관에 호소했다. 그러나 돌아온 대답은 늘 같았다.

"법적으로 해줄 수 있는 일이 없다."

행정은 한계를 설명했지만, 주민들의 귀에는 책임 회피의 변명으로만 들렸다. 불신은 커졌고, 행정 신뢰는 기초부터 흔들렸다. 시간이 흐를수록 균열은 커졌고, 불안은 생활의 일부가 되어 버렸다.

주민 설명회가 끝나면 구청 직원들은 지친 한숨을 내쉬며 흩어졌고, 주민들은 더 큰 분노로 다시 모였다. 말과 말이 부딪칠수록 행정과 주민 사이의 거리는 멀어져만 갔다. 결국 이 사건은 이렇게 묻는다.

"제도가 허술하고, 전문가가 침묵하고, 행정이 무기력하다면, 그 피해는 누구 몫이 되는가?"

1-5 위험 방치와 행정 불신

아파트를 그대로 두는 것은 단순히 주민들의 불안으로 끝나지 않았다. 주변 건축물과 사람들까지 위협하는 잠재적 재난이었다.

1) 방치가 부른 위험

아파트 뒤편에는 아이들이 다니는 유치원(가운데 노란색 건물)이 있었다. 왼쪽에는 손님들로 붐비는 한정식 식당, 오른쪽에는 10가구가 사는 다세대주택이 붙어 있었다. 하루에도 150~200명의 주민과 아이들이 이 일대를 오갔다.

나는 종종 현장을 둘러보다가, 유치원생들이 선생님 손을 잡고

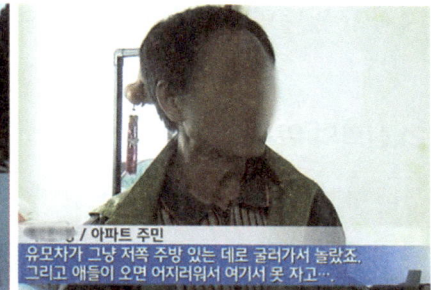

위험 앞에서 이어지는 일상 (출처 : YTN 뉴스, 2013.05.08.)

건물 옆을 지나가는 모습을 보았다. 그때마다 주민들의 하소연이 귓가를 맴돌았다.

"유모차가 그냥 주방 쪽으로 굴러가 버려서 얼마나 놀랐는지 몰라요. 아이들이 집에 오면 어지러워서 제대로 잠도 못 자요."

그 순간마다 마음이 무거웠다. 언제 어떤 위험이 닥칠지 모르는 건물 옆에서 아이들의 웃음소리를 듣는 풍경. 그것은 결코 익숙해질 수 없었다. 아파트는 뒤로 심하게 기울어 있었다. 나는 늘 같은 질문을 떠올렸다.

"만약 지금 지진이라도 발생한다면, 과연 건물이 버틸 수 있을까?"

이 걱정은 단순한 기우가 아니었다. 복원 작업을 준비하던 2011년부터 2013년까지는 다소 현실성이 떨어지는 걱정일 수도 있었다. 하지만 우리는 몇 해 뒤인 2016년 경주(규모 5.8), 2017년 포항(규모 5.4)에서 강진을 경험했다. 그때마다 머릿속을 스친 생각은 하나였다.

"만약 이 아파트가 복원되지 않은 상태에서 인천에 저 정도의 지진이 왔다면?" 상상만으로도 아찔했다.

2) 신뢰의 위기

그러나 당시 행정이 동원할 수 있는 수단은 거의 없었다. 재난관리기금조차 민간 건축물에는 투입할 수 없었기 때문이다. 주민들은 구청 앞에서 목소리를 높였다. "왜 지반조사도 없이 허가를 내줬느냐.", "이제 와서 왜 책임을 회피하느냐.", "결국 구청이 모든 책임을 져야 한다."

항의는 연일 이어졌다. 직원들과 주민들 사이에 고성이 오가기도 했다. 법적 근거를 아무리 설명해도, 주민들의 눈에는 그것이 변명으로만 보였다. 그러나 그때 깨달았다. 법의 빈틈보다 더 깊은 것은 마음의 빈틈이었다. 그래서 방향을 바꿨다. '할 수 없다'는 말 대신, '어떻게 하면 할 수 있을까'를 묻기로 했다.

우리는 사실부터 공유했다. 절차를 공개하고, 주민들과 같은 자리에 앉았다. 설득이 아니라 이해, 변명이 아니라 대화였다. 그렇게 조금씩 불신의 벽은 낮아지고, 신뢰의 첫 단추가 채워지기 시작했다.

1-6 실천적 접근으로 찾은 해법

행정의 본질은 규정 집행이 아니라 해결이다.

근거를 마련해 대안을 설계하고, 끝까지 실행해 결과에 책임지는 힘이 중요하다. 제약 속에서도 창의적으로 길을 만드는 태도, 그것이 내가 현장에서 확인한 적극행정이었다.

1) 감정이 아닌 데이터로

아파트 문제로 매주 2~3회씩, 수십 명의 주민들이 구청을 찾아왔다. 대화는 늘 격앙된 분위기 속에서 끝났고, 욕설이 오가기도 했다. 공직자로서 참담한 마음이 드는 날들이 이어졌다. 나는 속으로 수없이 되뇌었다.

"내가 이 건축 허가를 낸 당사자도 아닌데, 이렇게까지 욕을 들어야 하나…."

때로는 억울했고, 때로는 지쳤다. 회의실 문을 나서면, 등 뒤에서 쏟아지는 주민들의 원망 섞인 목소리가 한동안 귓가에 맴돌았다. 퇴근길에도 머릿속에서는 같은 질문이 맴돌았다.

"나는 왜 이 싸움의 한가운데 서 있어야 하지?"

곧 마음을 다잡았다. 억울함보다 주민의 잠 못 이루는 밤을 먼저 끝내는 것. 그게 내 역할임을 다시 마음에 새겼다. 그래서 원칙을 세웠다.

"감정이 아니라 데이터로 설득하자."

나는 정밀 안전진단을 다시 실시하자고 제안했다. 그리고 구청이 비용의 절반을 부담하겠다고 밝혔다. 주민들은 즉각 반발했다.

"왜 우리가 돈을 내야 합니까? 구청이 전액 부담해야죠."

나는 차분히 설명했다. 공직자의 의사결정에는 객관적 근거가 필요하며, 그 출발점이 바로 이번 정밀진단이라고.

몇 달간 끈질긴 대화 끝에 결국 비용을 반반 부담하는 합의가 이루어졌다. 긴 갈등 속에서 처음으로 주민과 행정이 서로 한발 물러선 순간이었다.

2) 협상의 돌파구

곧 또 다른 쟁점이 생겼다. 바로 안전진단 기관 선정이었다.

주민들은 "구청은 믿을 수 없다"라며 자신들이 지정한 사설 업체를 고집했다. 나는 객관성과 공정성을 위해 국토교통부 산하 공공기관을 주장했다. 긴 줄다리기 끝에 2012년 6월 한국시설안전공단이 정밀진단을 맡게 되었다.

3개월 뒤 나온 진단 결과는 충격적이었다. 기존 평가에서 종합 B등급이던 건물은 D등급으로 하락했다. 기울기 등급은 최하위 E등급 판정을 받았다. 이제 누구도 부정할 수 없는 '위험 건물'이라는 사실이 객관적으로 드러난 것이다.

그 결과를 계기로 협의의 물꼬가 열렸다.

나는 「민원처리에 관한 법률」에 따라 주민대표 3인을 뽑아 민·관 협의체를 구성했다. 공사 기간, 공법, 준비사항 등 실질적인 논의가 가능해졌다. 불신의 구조가 협력의 구조로 바뀌는 전환점이었다.

필자의 정밀안전진단 계획 설명 및 안전진단 보고서 (TBS 뉴스, 2012.05.29.)

3) 예산 확보의 벽

복원에는 총 3억 5천만 원이 필요했다. 인천시 협조로 2억 1천만 원을 확보했지만, 여전히 1억 4천만 원이 부족했다. 주민들은 "구청이 전액 부담하라"고 계속 요구했다. 감리자에게 책임을 묻고자 했으나, 돌아온 답은 "공소시효가 이미 만료됐다"였다.

그러나 나는 포기하지 않았다. 감리자를 수차례 찾아가 설득했다. 끝내 일정 부분 비용 분담을 이끌어 냈다. 이후 주민들과 10여 차례 협의를 거쳐 나머지 부족분을 채웠다.

끝까지 포기하지 않은 의지와 신뢰가 없었다면 불가능한 일이었다.

4) 경험이 제도로

2011년, 문제의 아파트에서 불과 50m 떨어진 또 다른 오피스텔이 준공을 앞두고 기울어졌다. 같은 지역에서 유사한 사고가 반복됐다.

이 사례를 기점으로 구청 내부 지침으로 건축허가(심의 포함) 단계에서 '지반조사보고서' 제출을 의무화했다.

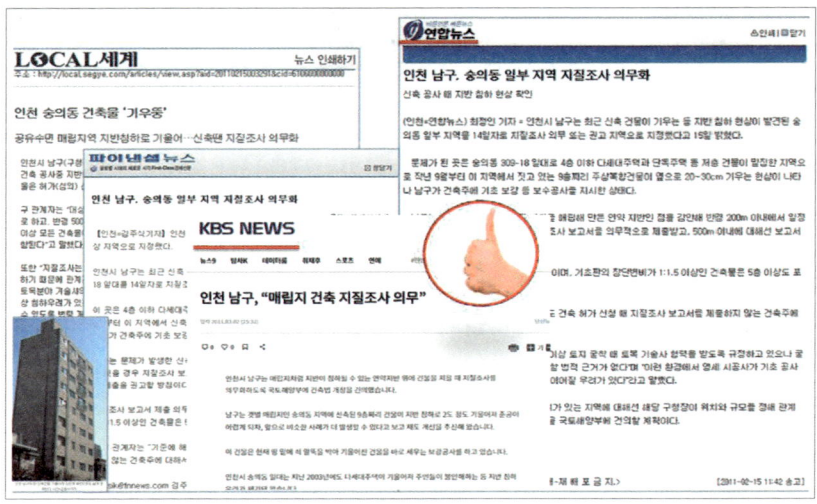

인천 남구 '지질(지반)조사 의무화' 언론 보도 자료 (2011.02.15.)

특히 7층 이상 건축물은 최소 2공 이상의 시추를 통해 지반을 조사하도록 기준을 만들었다.

초기에 건설업계의 거센 반발이 있었다. 법에 없는 행정을 왜 하느냐는 것이었다. 이 조치는 건축주 입장에서 보면 시간과 비용 부담이 증가하기 때문이다.

그러나 나는 밀어붙였다. '안전을 위한 최소한의 장치'라는 신념 때문이었다.

3년 뒤 세월호 참사 이후, 사회 전반에 "안전은 타협할 수 없다"라는 인식이 퍼지면서 이 제도는 더욱 폭넓은 공감을 얻었다.

1-7 사고가 드러낸 제도개선의 필요성

숭의동 아파트 복원은 특수한 사건이 아니었다. 같은 빈틈은 다른 지역에서도 반복됐다.

1) 반복된 사고

2014년 충남 아산시 둔포면에서 신축 중이던 오피스텔 한 동이 하루아침에 20도 이상 기울었다. 이 부지는 과거 간척지를 메워 임시 저수지로 쓰던 땅이었다.

지반조사는 부실했고, 기초파일은 단단한 지층에 닿지 못한 채 시공이 끝났다. 결국 건물은 철거 판정을 받았다. 옆 동마저 기울어 두 동 모두 해체됐다.

수십억 원의 건축비가 허공으로 사라졌다. 기초와 제도의 부실이 불러온 전형적 결과였다.

KBS 뉴스, 2014.05.12.

연합뉴스, 2014.05.12.

2) 건의에서 제도화로

나는 인천 숭의동에서의 경험을 사례로 삼아 국토교통부에 건의문을 제출했다. 핵심은 단순했다. "건축 착공 단계에서 반드시 지반조사를 의무화해야 한다"라는 내용이었다.

그전까지 지반조사는 법적 강제사항이 아니었다. 비용과 절차가 번거롭다는 이유로 생략되기 일쑤였다. 그러나 기초가 부실하면? 아무리 화려한 건물이라도 결국 무너질 수밖에 없다.

3) 제도화의 성과

긴 시간 끝에 결실이 맺어졌다. 2018년 12월 30일 「건축법 시행규칙」이 개정되면서, 착공신고 시 '지반조사보고서' 제출이 의무화되었다. 이는 설계·시공 이전 단계에서 지반 상태를 제도적으로 검증하도록 하여, 지반 안정성 확보의 법적 기반을 마련한 조치였다. 동일 유형의 사고를 구조적으로 예방하는 전환점이기도 했다.

· **핵심 성과**
  착공신고 시 '지반조사보고서' 제출 의무화(2018.12.30.)

▌「건축법 시행규칙」[별표 4의2] 〈2018.12.30. 개정〉

분야	도서의 종류	내용
7. 토목	가. 도면 목록표	
	나. 각종 평면도	
	:	
	아. 지반조사보고서	시추조사 결과, 지반 분류, 지반반력계수 등 구조설계를 위한 지반자료

 이와 같은 문제의식은 필자가 「경기신문」 열린광장에 기고한 '지질조사, 건축물 안전을 위한 기본'(2016.08.17.)에서도 강조했다.

 "지반은 보이지 않지만, 건축물의 생명선이다. 설계보다 먼저, 시공보다 깊이 들여다봐야 할 대상이다."

 해당 공론화는 이후 제도개선 논의를 촉진하는 데 밑거름이 되었다.

1-8 민·관이 함께 이룬 복원

 2년 넘는 준비 끝에 마침내 '인천의 피사의 아파트'를 바로 세우는 날이 왔다. 2013년 5월 8일, 이 역사적인 순간은 KBS, MBC, SBS, YTN 등 주요 방송사 뉴스를 통해 전국에 생생히 전해졌다.

SBS 8시 뉴스 　　　　　　　　　동아일보 및 경기신문, 2013.05.09.

인천 IN, 2013.05.08. 필자 현장 브리핑 및 건물 복원 견학 모습

 나는 구청장, 시·구의원, 전문가를 초청해 기술 원리와 추진 경과를 직접 설명하는 브리핑을 열었다. 모두는 긴장된 표정으로 건물을 바라보았다.

스위치가 눌러지자, 건물이 서서히 움직이기 시작했다. 숨조차 죽인 채 지켜보던 사람들 앞에서, 건물은 조금씩 수평을 되찾았다. 바닥에서 굴러가던 구슬이 멈춰 섰다. 그 순간, 주민들의 10년이 조용히 멈추고 다시 움직이기 시작했다.

'끼익' 하는 금속음, 땅속 깊은 곳에서 전해오는 진동. 혹시라도 실패한다면? 누구도 입 밖으로 내지 않았지만, 모두가 같은 불안을 안고 있었다. 그러나 건물은 끝내 제자리를 찾았다. 바늘이 목표선에 닿기 직전, 현장은 잠시 정적이 흘렀다. 하지만 정해진 지점에 도달하자 현장에 있던 100여 명의 환호와 박수가 터져 나왔다. 불안에 떨던 주민들의 얼굴에는 안도와 기쁨이 번져갔다.

무엇보다 주민들이 이주하지 않고, 제 집에서 일상을 이어갈 수 있었다는 사실. 그것이 가장 큰 의미였다. 복원 완료 후 건물은 '재난위험시설'에서 해제되었고, 기울기 등급도 최하위 E에서 최상의 A로 상향되었다.

주민들은 구청에 감사패를 전달했다. 그것은 단순한 예우가 아니었다. 민·관이 함께 쌓아 올린 신뢰의 상징, 그리고 "이제 안심하고 살 수 있다"라는 주민들의 눈물 섞인 고백이 더 큰 보상이었다.

┃ 재난위험시설 기울기 안전 등급 변화

위치	복원 전 기울기	등급	복원 후 기울기	등급
좌측	1/49	E	1/960	A
우측	1/46	E	1/960	A

1/960은 수평 1m에 약 1mm가 기울어진다는 뜻이다. 주민들이 체감한 '삶의 수평'이 돌아왔다.

1-9 남긴 것과 배운 것

마지막으로, 사건의 결이 달라도 메시지는 같다. "기본이 무너지면 위험은 커진다."

이 일은 한 동의 건물을 바로 세운 사건을 넘어, 도면의 수치와 현장에서 느낀 진동 사이의 간극을 확인한 일이었다. 그 사이를 메우는 것이 행정의 역할임을 배웠다.

첫째, 기본을 지키지 않으면 대가는 혹독하다.

지반조사 생략과 부실한 기초공사는 결국 붕괴 위기로 이어졌다. 충남 아산 오피스텔 사례, 세월호 참사가 말해 주듯 안전의 출발점은 언제나 '기본을 지키는 것'이었다.

둘째, 안전은 문장보다 과정에 있다.

감정이 아닌 데이터로, 개인 주장 대신 협의체·정밀안전진단·민·관 협의·투명한 기록이 불신의 고리를 끊고 합리적 결정을 가능하게 했다. 절차가 곧 시민의 안전망이 된다.

셋째, 행정은 관계를 회복하는 일이다.

빠른 결론보다 끝까지 책임지는 태도가 신뢰를 만든다. 긴 갈등 끝에 얻은 작은 합의들이 아이들의 잠자리와 어른들의 숨을 편하게 했다.

그리고 우리는 확인했다. 안전에 드는 비용은 지출이 아니라 투자라는 사실을. 당장은 부담처럼 보여도, 외면의 대가는 더 큰 사회적 손실과 고통으로 돌아온다. 복원 뒤 주민들은 이렇게 말했다.

"이제는 아이들을 안심하고 키울 수 있어요."

"밤마다 무너질까 봐 두려워하던 불안이 사라졌습니다."

"진짜 꿈만 같고… 계속 두려움 속에서 살았는데, 지금 공사를 하게 돼서 행복합니다."

갈등의 자리에 안도가 들어오고, 그날 밤, 누군가는 오랜만에 깊이 잠들었다. 행정이 지켜낸 것은 수치가 아니라 사람의 하루였다. 이것이 행정이 존재하는 이유다. 결국 행정은 규정에서 출발해도, 무게는 사람으로 귀결된다.

공직자 여러분, 위험 앞에서 한 걸음 먼저 나아가는 마음이 생명을 살린다. 적극행정은 사람을 지키는 책임이었다.

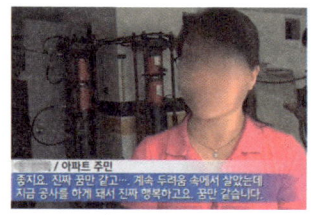

YTN 뉴스. 2013.05.09.

중부일보. 2013.06.24. 입주민의 감사패 전달

생명을 구한
강제 대피 5분

2-1 기습 폭우, 쇠퇴한 마을의 위기

　2010년 9월 21일, 추석 전날이었다. 수도권 전역에 시간당 100㎜가 넘는 기습 폭우가 쏟아져 심각한 피해가 속출했다. 인천 역시 일 강수량이 약 300㎜에 달했다.

　우리 구에는 '석정마을'이라 불리는 지역이 있다. 1970년대 형성돼 한때는 시장을 중심으로 활기가 넘쳤지만, 시간이 지나며 점차 쇠퇴했다. 경제적으로 어려운 주민들이 모여들면서 슬럼화가 진행되었고, 무허가 주택이 다수 분포해 있었다. 도시계획 없이 촘촘히 들어선 주택들 사이로 골목은 미로처럼 얽혔다. 빈집이 늘고, 비나 눈만 오면 안전 문제가 반복되던 곳이었다. 낡은 지형 조건, 노후 구조물, 오래된 정보가 겹치면 위험은 눈에 띄기 전에 커진다. "위험을 막는 첫걸음은 '먼저 의심'이다."

인천일보, 2010.09.24.

석정마을 골목길 전경

2-2 명절 비상근무, 위기 앞의 선제 대응

추석 연휴가 짧아 대부분의 직원들이 휴가를 내어 고향을 찾았다. 나 역시 비번이라 인천을 떠나 광명에 계신 어머니 댁에서 차례 준비를 하고 있었다. 그러나 며칠째 계속된 강우에 더해 이날 새벽부터 쏟아지는 폭우까지 겹치자, 마음이 편치 않았다. 평소 건축과 30명은 4개 조로 비상근무를 돌았지만, 명절 특성상 사무실 인근 거주자 위주로만 근무가 가능했다.

오후 3시, 비상근무가 발령됐다. 4시, 사무실에 도착해 건축과장과 팀장인 나를 포함해 6명이 2개 조로 나뉘어 관내 위험시설 점검에 나섰다. 우리 구에는 구조적으로 위험한 D·E 등급 시설이 21곳 있었고, 평소 정기점검을 해왔기에 큰 문제는 없으리라 여겼다. 그저 확인만 하고 돌아올 참이었다.

그러나 오후 6시 30분경, 석정마을을 점검하던 B조로부터 긴급 연락이 왔다. 대형 옹벽에 균열이 발생해 붕괴 위험이 있다는 것이다. 문제의 옹벽은 높이 5m, 두께 80㎝, 길이 30m였다. 옹벽 상부에는 무허가 주택 3채가 다닥다닥 붙어 있었고, 그곳에 70~80대 어르신 등 8명이 거주했다. 옹벽 맞은편에는 5층 아파트와 차량·보행자가 오가는 폭 6m 도로가 있어 붕괴 시 대형 인명사고로 이어질 가능성이 매우 높았다.

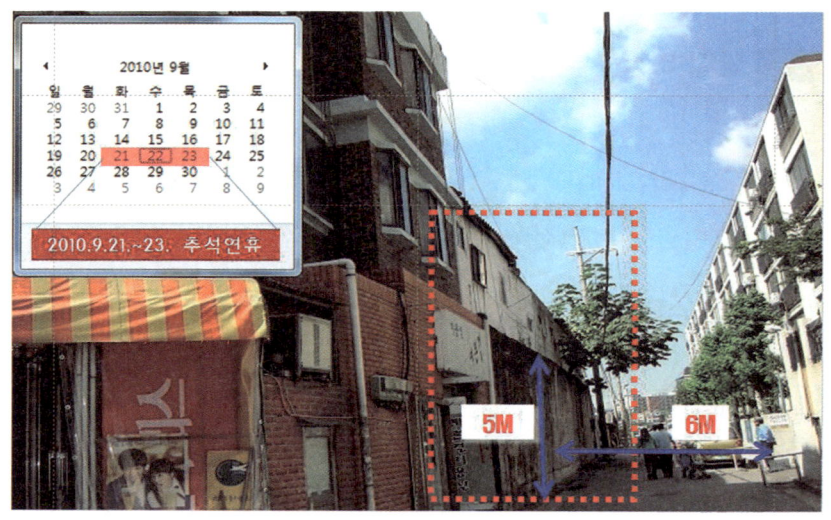

평온한 일상 속, 옹벽과 그 위 주택의 모습

해당 옹벽은 1980년에 축조되었다. 일반적으로 옹벽은 구조적 안전을 위해 배수 구멍을 설치한다. 그런데 이 옹벽에는 배수 구멍이 없었고, 기초도 부실했다. 며칠간의 폭우로 상부 지표수가 옹벽과 주택 사이 틈으로 침투하면서 옹벽 내부에 수압과 토압이 누적된 상태였다. 언제든 붕괴로 이어질 수 있는 위험 징후였다.

비는 소강 상태였지만 옹벽 상부에서 흙 알갱이가 간헐적으로 떨어지기 시작했다. 10분가량 관찰하니 낙하 간격이 눈에 띄게 짧아졌고, 하부 수평 틈도 눈으로 확인될 정도로 확대되었다. 배면부 미세 균열을 따라 탁수가 스며 나왔다.

우리는 즉시 도로 양방향을 전면 차단하고 보행자 통행을 통제했으며, 차량 진입을 막기 위해 통제선과 우회 안내를 설치했다.

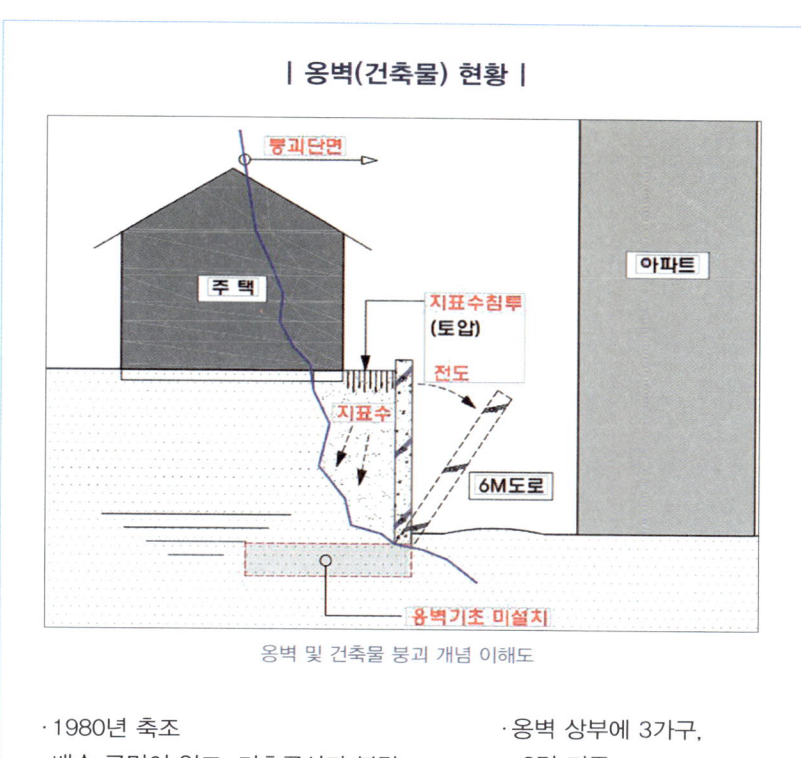

옹벽 및 건축물 붕괴 개념 이해도

· 1980년 축조
· 배수 구멍이 없고, 기초공사가 불량
· 상부 지표수 침투, 토압과 수압 작용

· 옹벽 상부에 3가구,
  8명 거주
  (70~80대 어르신 등)

미세 진동만으로도 추가 변형이나 국부 붕괴가 유발될 수 있다고 판단했기 때문이다. 위험 대응은 '가능성'이 아니라 '최악의 가정'이 기준이다. 그날 우리의 판단도 같았다. 작은 통제가 불편을 만들 수는 있어도, 큰 슬픔을 막아 준다.

2-3 대피 거부, 설득과 강제의 갈림길

시간이 지날수록 흙 알갱이 낙하 간격은 더 짧아졌고, 옹벽 하부의 틈도 점점 벌어졌다. 옹벽에 가해지는 압력이 계속 증가하고 있다는 명백한 증거였다. 따라서 상부 주택 거주자들에게 대피를 종용했다.

그러나 어르신들은 "30년 동안 별일 없이 살아왔다"라며 대수롭지 않게 여기셨다. 추석 전날이라는 이유로 불쾌감을 보이는 분도 있었고, 일부는 술에 취해 깊이 잠든 상태였다.

오후 8시, 9시, 10시… 반복해 설득했지만 반응은 냉담했다. 급기야 오후 11시경, 경찰·소방과의 긴급회의 후 '강제 대피'를 결정했다. 취침 중이던 어르신을 깨우고, 주취자들은 현장 인력을 동원해 안전하게 밖으로 옮겼다. 8명 모두를 무사히 대피를 마친 때는 자정을 막 넘긴 직후였다.

2-4 5분 전, 모두를 살린 판단

밖으로 나온 뒤 4~5분쯤 흘렀을까. 거주자들을 약 300m 떨어진 주민센터로 모시고 가려던 찰나 "지지직, 지지직" 하는 짧은 예비음이 들렸다. 모두가 "비켜! 비켜!"를 외치는 순간, 갑작스러운 굉음과 함께 옹벽과 그 위 주택이 무너져 내렸다. 그 5분이 인명 피해 0명을 만들었다.

옹벽과 주택 붕괴 모습. 2010.09.22.

수십 명의 주민이 밤새 불안 속에 지켜보던 상황에서, 이 사고는 자칫 대형 참사로 이어질 뻔했다. 그 순간의 공포는 지금도 생생하다. 3~4초간의 짧은 예비음은, 끝까지 현장을 지킨 공직자들에게 하늘이 준 마지막 기회와도 같았다. "하늘은 스스로 돕는 자를 돕는다"라는 말이 그날만큼 절실했던 적은 없다.

  당시 현장 도로에는 여러 대의 차량이 불법 주차돼 있었으나 대부분 연락을 통해 이동시켰다. 다만 한 차량은 수십 차례 연락했지만 소유주와 연락이 닿지 않아, 결국 붕괴된 옹벽 아래 매몰되고 말았다. 현장은 대본이 없다. 그래서 더 진심이어야 했고, 더 긴박했다. 답은 늘 실전에서 써 내려가야 한다.

> **비교 사례**
>
> ### 작은 징후를 읽고 조기 통제하다
>
> 맥락상 유사한 사례가 경기도 안양에서도 있었다. '경향신문' 보도에 따르면, 2024년 11월 28일 기록적인 폭설로 '안양농수산물도매시장' 청과동 지붕(5,933㎡)이 단 2초 만에 붕괴되는 사고가 발생했다. 상시 상주 인원만 300여 명에 달하는 대형 시설이었지만, 단 한 명의 인명 피해도 없었다. 당시 담당 주무관이 평소보다 이른 시각 출근해 이상 소음을 감지하고 현장을 점검한 뒤 위험성을 판단, 즉시 보고하고 출입을 전면 통제했기 때문이다.
>
> 이어 오전 8시 최대호 시장의 지시로 영업이 전면 중단되었고, 정확히 4시간 뒤 지붕이 무너졌다. 판단이 조금만 늦었더라면 수많은 인명 피해가 불가피했을 상황이었다. 담당 주무관은 "작은 징후라도 놓치지 않겠다는 마음이 컸다. 큰 피해 없이 지나가서 다행"이라고 회상했고, 이 공로로 9급에서 8급으로 특별 승진한 것으로 보도됐다.

두 사례 모두 '작은 신호에 민감하게 반응하고 선제적으로 행동한 공직자의 자세'가 주민의 생명을 지켜낸 결정적 요인이었다. 위기 대응에서의 '초기 판단력'과 '즉시 실행력'이 얼마나 중요한지를 다시금 보여줬다. 그날 밤, 우리는 "대비가 기적을 만든다"라는 평범한 진리를 다시 배웠다.

> **[연표] 2010.09.21. 사건 타임라인**
> ▶ 15:00 비상발령 → 16:00 사무실 도착 및 현장 점검
>   → 18:30 위험 신고(현장 대응 개시) → 23:00 강제 대피 결정 → 00:05 붕괴

2-5 생명을 지키는 공직의 본분

그날 점검을 미뤘거나, 권유만 하고 돌아갔다면 참사는 현실이 됐을 것이다. 옹벽 붕괴 직후 현장은 큰 혼란에 빠졌고, 경찰·소방과 긴급 대책을 논의한 끝에 겨우 초기 상황을 수습할 수 있었다. 추석 당일 새벽 5시 무렵에야 집으로 돌아올 수 있었다.

이 사건은 주민과 가장 가까이 마주하는 공무원의 역할과 책임을 다시금 새기게 했다. 지역의 위험을 가장 먼저 감지하고, 누구보다 먼저 행동해야 할 사람은 바로 현장의 공무원이다. 작은 징후에도 예민하게 반응하고, 주민의 생명을 지키기 위해 한 치의 망설임도 없이 나서는 것—그것이 진정한 적극행정의 자세임을

그날 다시 배웠다. 위기는 언제나 작은 신호로 온다.

　후배 여러분, 안전에 대해서는 '의심-판단-즉시 실행'의 3단계를 몸에 익히자. 그 5분이 일상을 지킨다.

사고는 예방으로, 위기는 협업으로

　공사장 안전은 거창한 대책보다 늘 갖는 관심과 일상적 경계에서 시작된다. 예고된 사고는 예방으로, 예상치 못한 위기는 협업으로 넘길 수 있었다. 내가 겪은 두 가지 현장 대응 경험을 나누고자 한다.

3-1 기상특보 '사전 조치' 체계(MMS)

1) 강풍 사고 현장, 밤을 지새운 긴급 대응

　2015년 4월 2일(목) 밤, 인천에 강풍과 폭우가 몰아쳤다. 나는 개인 모임을 마치고 평소보다 일찍 귀가했다. 다음 날 충북 영동에서 열리는 '향부숙' 교육에 참석해야 했기 때문이다. 이 과정은 매월 첫째 주 금·토 1박 2일 일정으로, 실무 역량을 키우는 강도 높은 교육이었다.

　밤 10시 30분경 당직실로부터 전화가 왔다. 관내 수봉산 인근 다세대주택 공사 현장에서 강풍으로 안전사고가 발생했다는 것이다.

즉시 출동해 보니 5층 높이의 가설 천막이 지주대와 함께 넘어지며 인근 주택 외벽과 창문을 크게 손상시켰다. 피해 주민들은 떨리는 목소리로 즉각 조치를 요청했다.

원인은 분명했다. 기상특보가 있었는데도 시공사는 강풍 대비 없이 퇴근했다. 나는 비상 대기 중이던 직원들과 함께 5층 높이에서 천막 끈을 커터 칼로 하나씩 절단하며 위험 요소 제거에 나섰다.

새벽 1시 무렵이 되어서야 시공사 소장과 인부들이 도착했다. 서울에서 회식 중이었다며 연락을 늦게 받았다고 했다. 사전 조치 없이 퇴근한 현실이 안타까웠다. "문자 한 통만 먼저 갔더라면…" 하는 생각이 들었다. 비에 젖은 장갑을 낀 직원들이 묵묵히 끈을 잘라냈고, 주민들도 우산을 함께 받쳐 주며 그 옆을 지켰다.

강풍으로 인해 파손된 다세대주택 외벽 이미지

2) 문자 한 통, 사고를 줄이는 '시금석'이 되다

건축허가는 행정기관의 소관이지만, 현장 안전의 일차적 책임은 건축주·시공사·감리자에게 있다. 과거에는 허가 현황만 관리했지만, 이번 일을 계기로 기상특보 시 건축주·시공사·감리자 대상 전일·당일 2회 자동 MMS(문자메시지) 안내 체계를 구축했다.

허가 건별로 연락처(건축주·시공사·감리자)를 확보해 안내했고, 실제 현장의 사고 예방과 피해 최소화에 효과가 있었다. 지금은 재난문자가 보편화되었지만, 당시 우리 부서의 작은 시도가 지역 건설현장의 안전문화를 한 발 앞당겼다.

MMS 문자 예시

▶ [내일 인천 강풍·폭우 예보] 각 현장은 다음을 점검해 주십시오.
 - 배수로 정비 및 낙하물(가설·비계) 결속 상태
 - 가설 전기·옥외 전등·현장 펜스 안전조치
 - 작업 중지·부분 철거 등 인근 피해 최소화 계획
▶ 사전 조치 결과를 '현장일지'에 반드시 기록해 주십시오.

인천시 MMS/SMS 통합 메시지 서비스

3-2 현장 '합동대응' 프로토콜(크레인)

1) 크레인 붐대 기울어짐, 밤 9시의 긴급 출동

 2018년 2월 13일 밤 9시, 나는 크레인 전도사고 현장에 긴급 출동했다. 그날의 긴장감과 대응 절차는 내 공직 기억 속에 또렷이 남아 있다. 그리고 7년 뒤인 2025년 6월, 인덕원~동탄 복선전철 제10공구 공사에서 천공기가 전도돼 용인의 한 아파트 외벽을 덮친 사고 뉴스를 접하자, 그 장면이 다시 떠올랐다.

 최상층 세대의 창문이 깨지고 외벽 일부가 파손되었으며, 주민 150여 명이 대피했고 두 주민이 병원으로 이송됐다. 2018년의 경험은 그 사고를 결코 '남의 일'로 보지 않게 만든 이유였다.

인천 크레인 붐대 전도
(2018.02.13.)

용인 천공기 붐대 전도
(머니투데이, 2025.06.07.)

2) 예상 밖 호출, 긴장의 시작

 그날은 평소보다 이른 저녁 6시에 퇴근했다. 부평역 인근에서

지인들과 약속 중이었는데, 8시 30분경 휴대전화가 울렸다. 건축과의 담당 주무관이었다.

"과장님! 'ㅇㅇ관광호텔' 옆 공사장에서 크레인이 기울어졌습니다. 인근 건물 외벽에 크레인 붐대가 걸쳐 있고, 고압선도 인접해 있습니다."

'고압선'이라는 단어를 듣는 순간, 정신이 번쩍 들었다. 곧장 택시를 타고 현장으로 향했다. 혹시 인명 피해가 있지는 않은지, 불안한 상상이 꼬리를 물었다.

3) 현장의 위기, 그리고 사라진 책임자

밤 9시경 현장에 도착하니 상황은 심각했다. 크레인의 한쪽 바퀴가 지반 침하로 빠지며 전체가 한쪽으로 기울었고, 붐대는 인근 오피스텔 8층 외벽에 위태롭게 걸려 있었다. 바로 옆으로 고압선이 지나 긴장감은 더욱 컸다.

해빙기로 약해진 지반에서 무리하게 야간 작업을 강행한 것이 직접 원인이었다. 공기(工期)를 맞추려던 일정이 사고를 불렀다. 더 당혹스러웠던 건, 현장을 지휘해야 할 시공사 소장이 자리에 없었다는 점이다.

"ㅇㅇ 주무관, 소장한테 전화 좀 해봐."

"수십 번 전화했는데 받지 않습니다."

점검 중 경찰관이 다가와 "실례지만 누구시죠?"라고 물었다. "구청 건축과장입니다." 신분을 밝히고 곧바로 수습에 집중했다.

4) 시공사·한국전력·소방·경찰, 협업의 힘

먼저 크레인 기사에게 경위를 확인했다.

"해빙기라 지반이 약해졌는데, 바퀴 하나가 빠지며 장비가 말을 듣지 않았습니다."

잠시 후 시공사 대표가 도착했고, 시공사·한국전력·소방·경찰과 긴급 현장회의를 열어 다음 조치 순서를 정했다.

① 기울어진 크레인 붐대를 반대 방향에서 와이어로 연결해 당긴다.
② 침하된 바퀴 아래 침목을 겹겹이 고여 수평을 맞춘다.
③ 고압선 구간의 절연 방호관 상태를 재확인한다.

나는 복구 장비의 긴급 수배를 요청했고, 경찰·소방은 즉시 통제선을 설치해 접근을 막았다. 고압선 인접 작업이 불가피한 만큼, 한국전력에 협조를 구해 현장 절연 방호관(감전 방지용 덮개)을 재점검했다.

| 절연 방호관(Insulated Protective Cover) |

전력선 주변에서 건축·토목 작업 시 장비나 작업자가 배전선로(고압 전선 등)에 접촉·근접해 발생할 수 있는 감전사고와 설비 고장을 방지하기 위해 전선에 일시적으로 설치하는 절연 보호 커버.

밤 11시경 수배된 대형 크레인이 도착했다. 한국전력 직원의 정확한 유도와 현장 인력의 호흡으로 고압선을 피해 진입했고, 붐대에 와이어를 걸어 서서히 당기는 동시에 침목을 고여 수평을 회복시켰다. 자정이 조금 지난 시각, 붐대는 오피스텔 외벽에서 완전히 이격되었다.

긴장도 서서히 풀렸다. 위기는 그렇게, 각자의 역할이 맞물린 손으로 조용히 정리됐다.

침목 재료

크레인 붐대, 건물로부터 이격 모습

5) 위기는 있었지만, 더 큰 사고는 없었다

자칫 대형 인명 피해로 이어질 수 있었던 순간이었다. 하지만 밤늦은 시간에도 각 기관이 제 역할을 정확히 이해하고 책임 있게 움직인 덕분에 단 한 건의 인명 피해도 없었다. 누구도 머뭇거리지 않았고, 서로의 상황을 존중하며 유기적으로 협력했다.

무엇보다 결정적이었던 건 '현장 주도'였다. 서류나 지시보다 앞선 것은, 함께 움직인 행동이었다.

짧은 전화 한 통이 대응의 문을 열었고, 기관 간 즉각적인 소통이 위기를 넘겼다. 협업의 힘은 거창한 구호가 아니라 반복된 연습과 신속한 실행에서 나온다. 이 밤의 경험은 분명했다.

적극행정은 현장에서 실행되어야 하며, 그 실천은 혼자가 아니라 함께할 때 가능하다. 신속한 보고와 현장 합동대응, 그 작은 연결이 큰 사고를 막았다.

"한 온스의 예방은 한 파운드의 치료보다 낫다."
– Benjamin Franklin
(An ounce of prevention is worth a pound of cure.)

『사회복지 안전관리 실무』 발간

나는 오랫동안 사회복지의 '안전' 문제에 깊은 관심을 가져왔다. 2002년 9월부터 2005년 1월까지 인천시 부평구 사회복지과에서 사회복지시설 기능보강 및 안전점검 업무를 맡으면서, 현장의 사회복지 종사자들이 체계적인 안전 지식을 갖추기 어려운 현실을 절감하였다.

이후 2010년 포항 인덕요양원, 2014년 장성 효사랑 요양병원 화재 등 대형 인명 피해 사고를 마주하며, 언젠가는 현장에서 당장 적용할 수 있는 '안전관리 지침서'를 꼭 만들어야겠다고 마음먹었다.

공직에서 물러난 뒤, 오랜 실무 경험과 현장의 고민을 바탕으로 권도국 인천 계양구 가족센터장과 함께 집필을 시작했고, 그 결과 『사회복지 안전관리 실무』가 2025년 12월 출간을 앞두고 있다. 이 책은 안전을 단순한 법적 의무가 아닌, 현장에서 생명을 지키기 위한 실천적 책임으로 바라보도록 기획하였다.

4-1 실무 안전지침서의 필요성

　현재 우리 사회에는 노인, 아동, 장애인, 다문화 가족 등 다양한 취약계층이 생활하는 약 6만 3천 개의 사회복지시설이 운영되고 있다. 이들 시설은 무엇보다 '안전'이 최우선으로 확보되어야 할 공간이다.

　그러나 현실은 다르다. 현재 대학 교육과 실무 교육 모두에서 안전 분야는 충분히 다뤄지지 않고 있다. 특히 사회복지사들이 다양한 법령에 따라 의무적으로 이수해야 하는 교육들이 존재하지만, 내용이 분산되어 있어 현장에서 통합적으로 이해하고 활용하기 어렵다. 이러한 교육의 파편화는 실무 대응력의 공백으로 이어지고 있다.

　『사회복지 안전관리 실무』는 이러한 문제의식을 바탕으로, 관련 정보를 현장 중심으로 재구성한 결과물이다. 완전하지는 않더라도, 현실에서 반복적으로 마주치는 상황에 즉시 적용할 수 있도록 구성하였다. 현재 보건복지부의 「사회복지시설 안전관리 매뉴얼」이 주요 참고자료로 사용되고 있으나, 현장 즉응성 측면에서 보완 여지가 있었다. 나는 공직 시절 이 같은 현실을 직접 경험했고, 그때의 문제의식이 바로 이 책 집필의 계기가 되었다.

4-2 현장에서 출발한 안내서

2023년, 나는 대학의 사회복지학과 학생들과 보육교사들을 대상으로 『사회복지 안전관리 실무』 강의를 진행한 바 있다. 강의를 통해 현장 대응 역량의 공백을 다시 확인했다. 필수 안전교육 없이 현장에 투입되거나, 화재·지진 등 위기 상황에서 초기 대응이 미흡한 사례들이 반복되고 있었기 때문이다.

예를 들어, ○○대학교 수업에서는 안전관리의 기본 개념조차 낯선 학생들이 있었고, 일부 시설에서는 비상 대피 절차가 '훈련-점검-보완'의 선순환으로 이어지지 못한 사례가 확인되었다. 이는 단순히 개별 기관의 문제가 아니라, 사회복지 분야의 안전관리 교육이 아직 체계화되지 못한 구조적인 한계에서 비롯된 것이다. 이러한 현실은 "현장에서 곧바로 활용할 수 있는 실용적인 지침서가 필요하다"라는 확신으로 이어졌고, 그 필요에 응답하고자 했다.

이 책은 다음과 같이 구성했다.
① 사회복지시설 안전의 기본 개념·관련 법령 ② 국내외 제도 변천사(사건 중심) ③ 화재·지진·전기·가스·감염병·개인정보 보호 대응 ④ 응급처치·심폐소생술·학대·폭력 대응 ⑤ 최신 안전관리 트렌드와 현장 맞춤 전략 등

특히 코로나19를 계기로 감염병 대응과 위생 관리의 중요성이

크게 부각되면서, 이 분야에 대한 내용도 충분히 반영하였다. 이 책은 단순히 정보를 나열하는 데 그치지 않고, 위기 발생 시 실무자가 '무엇을 어떻게 해야 하는지'를 구체적으로 안내하는 현장 중심의 행동 가이드이다.

4-3 복지는 안전에서 시작된다

사회복지의 안전은 단순한 점검이나 시설 관리의 문제가 아니다. 그것은 국민의 생명과 직결된 중대한 공공 과제이며, 복지정책의 신뢰를 좌우하는 핵심 요소다. 그럼에도 불구하고 '안전'은 정책 우선순위에서 종종 밀려나는 것이 현실이다. 그러나 이제 돌봄과 안전은 분리될 수 없는 개념이다. 복지의 지속 가능성은 이 '안전'이라는 기반 위에 세워져야 한다.

『사회복지 안전관리 실무』는 이러한 인식을 바꾸고, 실질적인 변화를 촉진하기 위한 시도이다. 특히 공직자들이 이 책을 통해 사회복지의 안전 사각지대를 다시 점검하고, 정책 기획과 집행 과정에서 '안전'을 최우선 가치로 삼는 행정을 실현해 주기를 바란다.

복지는 '안전' 위에서만 지속된다. 이 책은 '현장에서 바로 쓰는 체크리스트'이자 내일의 점검과 모레의 훈련을 바꾸는 실무 가이드다.

5
예측 불가능한 위기에서
지켜야 할 원칙과 유연성

앞선 사례들이 보여주듯, 행정 현장은 예고 없이 찾아오는 위기를 자주 마주한다. 이러한 경험은 '단호한 원칙'과 '유연한 태도'를 함께 지키는 일이 얼마나 중요한지 일깨워 주었다. 아래는 실제 상황에서 그 두 가지가 어떻게 발휘되었는지 보여준다.

5-1 위기 상황에서 침착하게 경청하는 자세

행정 현장에서 예기치 못한 상황이 발생했을 때 가장 중요한 것은 당황하지 않고 상황을 받아들이며 유연하게 대응하는 자세다. 첫 10분의 태도와 표정이 이후 흐름을 좌우하고, 주민과 행정 간 신뢰의 기초가 된다. 문제의 본질을 빠르게 파악하고 감정을 다독이는 동시에, 원칙을 지키는 일은 쉽지 않지만 반드시 필요한 덕목이다.

실제로 어느 날 갑자기 20~30명의 주민이 사무실로 몰려와 "우리 집 옆 공사를 당장 중단시켜 달라"고 요구한 적이 있다. 대부분의 집단 민원은 사전 신호가 있지만, 이번에는 전혀 예고 없이 발생한 상황이었다. 방어적 반응이나 "왜 갑자기 오셨습니까?" 같은 말은 상황을 악화시킬 뿐이다.

나는 우선 주민들을 회의실로 안내하고 의자를 내어주며 따뜻한 차를 대접했다. 무엇보다 그들의 말을 끝까지 듣는 데 집중했다. 분노와 걱정이 섞인 주민들의 이야기를 차근차근 듣다 보니, 문제의 핵심은 단순한 공사 반대가 아니었다. 집 벽이 갈라지고 지반이 내려앉아 안전이 위협받는 현실적 피해와 그로 인한 불안감이 근본 원인이었다.

이 과정에서 주민들이 보상을 요구할 때도 단순한 금전 청구 이상의 심리적 욕구가 있음을 이해해야 한다. '불안과 불편을 해소해 달라'는 간절함의 표현이기도 하다. 차 한 잔이 돌고 목소리가 낮아지자, 분노 뒤에 숨은 '불안'이 비로소 보였다.

5-2 투명한 절차와 꾸준한 대화로 신뢰를 쌓아 가기

안전 점검은 주민 입회하에 공신력 있는 외부 기관에 의뢰해 객관성을 확보했다. 어떤 경우에는 '당일 점검·즉시 공개'를 약속했으나 현실적으로 즉시 진행이 어려운 상황도 있었다. 이럴 때는 사정을 솔직히 알리고, 가능한 한 가장 이른 일정으로 점검을 시행해 신뢰를 회복하는 데 주력했다.

피해 보상은 원칙적으로 시공사 책임이며, 행정은 사실확인-중재-재발방지의 조정·관리 역할을 맡는다. 이 과정에서 감정이 격해지거나 무리한 요구가 이어지기도 하지만, 대화 창구를 지속하고, 즉시 대응(안전조치)과 중장기 대응(복구·보상)을 구분해 단계적으로 풀어 가는 인내가 핵심이다. 초기 태도와 언어 선택이 흐름을 좌우한다. 겉으로 드러난 요구 뒤의 진짜 이유를 파악하고, 즉흥 결정의 후폭풍을 피하기 위해 원칙과 절차를 분명히 해야 한다.

그날 저녁, 우리는 합동점검 일정과 상시 연락 창구를 함께 적었다. 갈등은 절차 위에서 대화로 바뀌었다. 적극행정은 모든 상황을 예측하는 것이 아니라, 예측할 수 없는 상황에서도 원칙과 유연성을 함께 지키는 힘이다.

6

소결 :
현장의 답을 찾아서

이번 장에서는 무너질 듯 기울어진 '피사의 아파트'를 바로 세운 일부터, 대형 옹벽 붕괴 직전에 8명을 긴급 대피시킨 일까지, 위기 속에서도 흔들림 없이 추진해 온 실천을 소개했다. 이 사례들의 공통점은 '제도의 빈틈'을 지적하는 데 그치지 않고, 문제의 본질을 직시해 끝까지 책임 있게 행동했다는 데 있다.

법과 규정의 벽 앞에서도 포기하지 않았고, 반발 속에서도 귀 기울이며 설득을 멈추지 않았다. 때로는 무거운 결단이 필요했지만, 그 과정은 제도개선과 현장 지침으로 이어졌다. 무엇보다, 현장을 누구보다 잘 아는 공직자의 한 걸음이 실질적 안전을 가능하게 한다는 사실을 확인했다.

재난은 예고 없이 오지만, 준비된 한 사람의 결심이 생명을 지킨다. 기후변화 속에서 완벽한 예방은 어려울 수 있다. 그래서 인명 안전 최우선 원칙, 정부의 체계적 대책, 공직자의 역량 강화가 무엇보다 중요하다. 결국 답은 사람이다. 매뉴얼을 외우되 사람을 먼저 봐야 하지 않을까? 적극행정은 사람을 향한 행정의 태도였다.

제2장 Key Point

1. 위기의 순간, 결단과 행동이 안전을 지키는 행정의 가치를 드러낸다.
2. 법·제도의 한계를 넘어, 작은 위험 신호와 현장 목소리에서 답을 찾는 용기가 필요하다.
3. 협업과 민·관 연대는 위기를 넘어 주민의 생명을 지키는 강력한 힘이 된다.
4. 현장 공직자의 빠른 판단과 유연한 대응이 안전의 불씨가 된다.
5. 안전은 행정의 시작이자 끝이며, 우리가 반드시 지켜야 할 약속이다.

제3장

적극행정 실천 사례 ②
– 제도개선

…

　이번 장에서는 적극행정의 또 다른 축인 '제도개선' 실천 사례들을 소개하고자 한다. 제도는 공익을 담는 그릇이지만, 현실을 따라가지 못하면 장벽이 된다. 멈춘 규정은 불편을 낳고 현장에는 빈틈이 생긴다. 이때 필요한 건 '규정 반복'이 아니라, 빈틈을 사람 쪽으로 메우는 적극행정이다.
　나는 공직 생활 내내 주민들이 반복해서 겪는 불편을 민원으로만 보지 않았다. 문제의 원인이 제도에 있다면, 내부 협업으로 해법을 설계하고, 필요하면 상급 기관과 논의해 지침과 법령을 고치는 데까지 나아가려 했다.

　나는 현장에서 시작한 작은 개선을 끝까지 밀어 제도 변화로 잇는 일을 꾸준히 실험했다. 이번 장은 그 여정을 네 가지로 묶었다. ① 뒤바뀐 건축물 동·호수를 바로잡아 기록이 사람을 따르게 한 일 ② 종이 중심의 건축심의 절차를 디지털로 전환한 일 ③ 직원들의 자발적 제도개선 동아리를 통해 불합리한 법령을 고친 일 ④ 도심의 빈집을 지역의 자산으로 되살린 일이다.

사례들은 서로 다르지만 결은 같다. 현장에서 불거진 불편을 끝까지 따라가면 제도의 빈칸이 보이고, 그 빈칸을 메우면 주민의 하루가 달라진다. 현장에서 시작된 한 줄의 문제의식이 개선의 문을 연다. 작은 불편을 현장 기준으로 바로잡는 일, 그곳에서 제도는 다시 살아 움직인다.

① "집이 바뀌었어요!"
(뒤바뀐 건축물 동·호수 바로잡기)

1-1 집의 좌표가 바뀐 사람들

"내 집이 아니라고요?" 믿기 어려운 말이 현실이 되는 순간이 있었다.

아파트·다세대주택·오피스텔에서 문패와 공적 기록(건축물대장·주민등록)이 어긋나면, 사는 집과 서류 속 집이 갈라진다. 문패 하나의 오차가 주소를 넘어 학교 배정·공공 우편·임대차·매매 같은 권리까지 흔든다. 대문 앞 작은 글자에 삶의 좌표가 매달린다는 사실을, 우리는 뒤늦게 배웠다.

우리 구 문학동에서도 그 일이 벌어졌다. 수년, 길게는 수십 년을 살아온 집이 장부상 다른 호수로 올라 있었다는 사실을 주민들은 뒤늦게 알게 되었다.

"주소가 우리 집을 못 찾아왔던 거네요."

허탈함이 지나가자 질문이 남았다. 어디서부터 어긋났나.

이 절은 그 질문에서 시작한다. 어떻게 드러났는지(1-2), 왜 생겼는지(1-3), 무엇이 최선이었는지(1-4), 그리고 제도를 어떻게 바꿨는지(1-5~1-7)를 차례로 기록한다. 작은 표기 하나를 바로잡는 과정에서, 기록이 사람의 삶을 따라가게 만드는 행정이 무엇인지 살펴본다.

MBC 뉴스, 2017.03.17.

1-2 경매가 드러낸 진실

2016년 3월 어느 날 아침, 법원 집행관이 다세대주택 102호를 방문했다. 현관문을 연 주민은 의아한 얼굴로 말했다.

"저희는 101호인데요?"

하지만 집행관은 건축물대장과 현황 도면상 해당 위치가 '102호'로 표시돼 있다며, 경매 절차를 진행하겠다고 밝혔다. 주택 전체의 동·호수 표기가 뒤바뀌어 있었던 것이다. 표기 오류 하나가 권리 관계를 심각하게 혼선시킬 수 있음을, 그날 경매장은 이를 여실히 드러냈다. 우편물이 엉뚱한 집으로 가고, 아이의 학교 배정까지 꼬였다며 억울해하던 주민의 표정이 아직도 선명하다. 장부상 '다른 세대'로 기록된 채 살아온 시간이, 그날 경매장에서 비로소 드러났다.

"20년 넘게 산 집이 내 집이 아니라니, 이게 말이 됩니까?"

구청은 국토교통부의 기존 질의·회신(제도적 지침)을 근거로 "준공된 건축물의 경우, 동·호수 오류는 매매나 이사 등 민사적으로 해결해야 한다"라는 입장을 내놓았다. 즉, 행정적으로 즉각적인 해결책이 없고, 주민 스스로 민사적 조치를 취해야 하는 상황이었다.

그러나 주민들의 분노는 걷잡을 수 없이 커졌다. 마침내 피해 주민 20여 명이 구청장실을 항의 방문하는 사태로까지 번졌다. 나는 건축과장으로서 약속했다.

"행정이 책임 있게 길을 찾겠습니다. 시간을 주십시오."

분노가 커질수록, 우리는 '사실 확인 – 절차 설계 – 제도화'로 답하자고 마음을 모았다.

1-3 동·호수가 바뀌는 문제, 왜 생기나?

이러한 문제의 근본 원인은 건축 공사 과정에서의 시공사 실수와 이를 걸러내지 못한 제도적 허점에 있었다. 실제로 동·호수 표기의 오류는 단순한 행정 착오처럼 보이지만, 주민의 생활과 재산권에 직접적인 영향을 미치며, 경매나 법적 거래 과정에서 문제로 드러나는 경우가 많았다.

건축주는 공사를 마친 후 사용승인(준공)을 신청하고, 「건축법」에 따라 현장 조사를 받는다. 이때 조사는 객관성을 위해 당초 설계를 맡은 건축사가 아닌 제3의 건축사가 수행한다. 그러나 조사 항목은 일조권·건폐율·용적률 등 법적 기준에 치우쳐 있어, 생활에 직결되는 동·호수 표시는 빠져 있었다. 따라서 시공사가 문패를 잘못 부착하더라도 사전에 확인하거나 정정할 수 있는 제도적 장치가 없었다.

결과적으로 동·호수 오류는 거주자의 권리 침해, 임대차 계약 분쟁, 재산권 침해 등 심각한 법적 분쟁으로 이어질 수 있었다. 결국 제도의 빈틈은 생활상의 실질 피해로 이어진다.

1-4 현실적 접근과 최적 해법

문제 해결을 위해 가장 먼저 자체(2016년) 실태조사를 시작했다. 우리 구뿐 아니라 인천의 다른 구, 부천·고양·수원·서울 등 여러 지자체 사례까지 폭넓게 조사한 결과는 충격적이었다.

부천시에서는 한 아파트 전체 970여 세대 중 440여 가구가 23년간 동·호수가 바뀐 채 거주해 왔고, 이 사실이 경매 과정에서야 드러난 사례도 있었다. 인천시 전체에서도 600여 가구, 경기도에서는 약 3,400가구가 유사한 문제를 겪고 있는 것으로 나타났다.

그동안 많은 지자체가 이를 단순한 개별 민원으로만 다루었고,

체계적인 대응이나 제도개선은 전무한 실정이었다. 이번에는 반드시 실질적인 해결책을 마련해야 했다.

나는 우선 직원 6명과 함께 TF(태스크포스)를 구성해 30회 이상 브레인스토밍을 통해 세 가지 해결 방안을 집중 검토했다. 우리는 우편함·계량기·층별 안내도를 맞춰 보며 '사람이 실제로 살아온 좌표'를 다시 그렸다.

1) 상호 매매 또는 이사 방식

국토교통부 유권해석에 따라, 잘못된 동·호수 문제는 법적으로 민사적 방법(주민 간 조정)을 통해 해결하도록 안내되어 왔다. 이를 실제로 적용하면, 주민끼리 주택을 맞교환하거나(예 : 101호 ↔ 102호),

매매를 통해 실거주지와 공적 기록상의 주소를 일치시키는 방식이 된다.

이론적으로는 단순한 해결책처럼 보이지만, 실제 적용에는 여러 한계가 있었다. 주택담보대출, 전세 보증금 반환, 기존 임대차 계약 해지와 재계약 등 복잡한 절차가 뒤따랐고, 세입자는 법적 임차권을 상실할 위험도 있었다. 여기에 취득세 등 제세공과금·등기 비용과 이사 비용까지 고려하면, 현실적으로 선택하기 어려운 방식이었다.

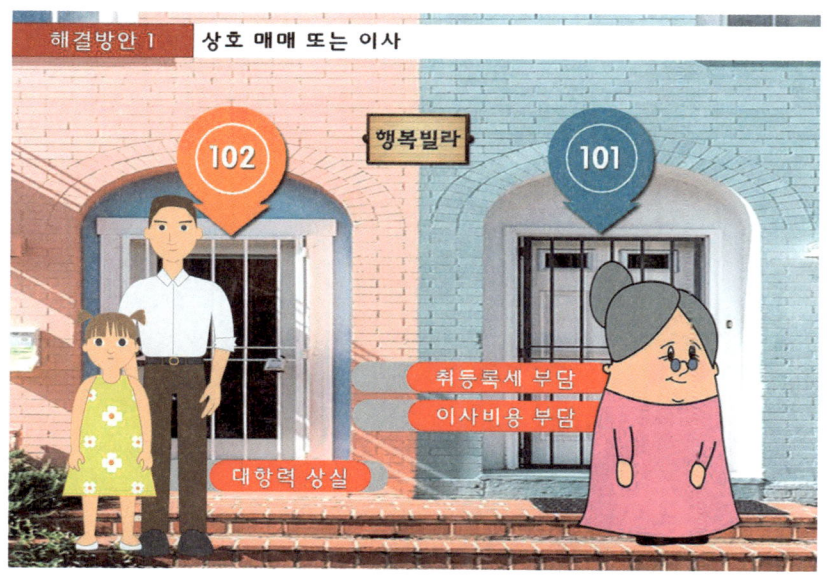

2) 문패 교체 방식

실제 거주지를 기준으로, 문패를 바꾸는 방식은 외형상으로만 바로잡는 방법이었다. 즉, 겉은 맞고 속은 어긋나는 처방이었다. 왜냐하면 건축물대장이나 주민등록 등 공적 장부상의 기록은 여전히 이전 상태로 남아, 시각적 정합성만 높고, 법적·행정적 불일치는 그대로 남기 때문이다.

  이로 인해 발생하는 문제는 매우 심각했다. 대표적으로는 주민등록상 주소와 실제 거주지가 달라져 공공기관 우편물이 오배송되거나, 자녀의 학교 배정, 선거권 행사 등의 공적 권리 행사에 지장을 줄 수도 있다. 특히 임차인의 경우에는 「주택임대차보호법」상 대항력을 인정받지 못하는 상황도 발생할 수 있어, 단순한 문패 교체로는 결코 실효성 있는 해결책이 될 수 없었다.

3) 건축물대장의 현황 도면 정정 방식

문제를 가장 근본적으로 해결하는 방법은 공적 장부인 '건축물대장'을 실제 거주 상태에 맞게 정정하는 것이었다.

건축물대장은 말하자면 집의 공식 신분증(국가 장부)이다.

그 안에는 건물의 구조, 용도, 위치, 층별·호별 정보 등이 기록되어 있고, 이 중 '현황도면'은 그 신분증 안의 방 배치와 호수 위치를 나타내는 그림과 같다.

따라서 사람이 실제로 101호에 살고 있는데, 건축물대장 현황 도면에는 102호로 표기되어 있다면, 이 현황도면을 실제 거주 상태에 맞게 수정함으로써 장부와 현실을 일치시킬 수 있다.

이 방식은 주민이 이사를 하거나 매매를 하지 않아도 되며, 단순히 문패를 바꾸는 수준을 넘어 법적으로 유효한 공적 기록 자체를 바로잡는 행정행위다.

예를 들어, 한 세대가 101호에 거주하지만 장부에는 102호로 등재된 경우, 현황도면 상 해당 위치를 실제 101호로 정정하면 된다.

이렇게 하면 주민등록, 학교 배정, 선거인 명부, 우편물, 통신 및 부동산 계약 등 모든 공공 데이터가 현실과 정확히 일치하게 된다.

무엇보다 이 방식은 '사람을 움직이는 행정'이 아니라 '기록이 사람을 따라가게 만드는 행정'이다.

문패나 주소를 바꾸지 않아도 장부가 현실을 반영함으로써 행정의 신뢰성과 법적 효력이 동시에 확보된다.

그 결과, 주민 불편이 줄고, 공공서비스의 품질도 자연스럽게 향상된다.

작은 장부 한 장이지만, 그 안에는 사람의 삶과 권리가 담겨 있다.

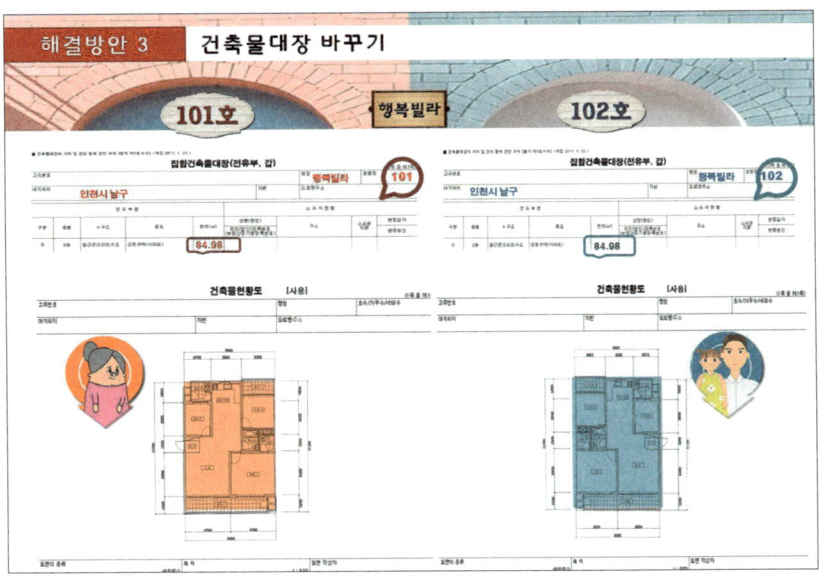

1-5 설득으로 바꾼 국토교통부 해석

우리는 문제 해결을 위한 조사 자료와 개선안을 정리해, 2016년 5월 9일 국토교통부에 공식 질의했다. 같은 해 8월 29일에는 실무 담당자와 함께 직접 국토교통부를 방문해, 사안의 심각성과 우리 구의 개선안이 현실적이고 타당하다는 점을 차분히 설명했다. 그 노력은 조금씩 결실을 맺기 시작했다.

2017년 1월 19일, 국토교통부가 주관한 실무회의가 열렸고, 전국 광역시·도 및 자치구 건축 담당자 60여 명이 참석했다. 이 자리에서 우리 구가 제안한 '건축물대장 현황도면 정정' 방식이 집중 논의됐다. 그 결과, 실제 거주 현황을 기준으로 건축물대장을 정정할 수 있다는 결론에 이르렀다.

그리고 마침내, 2017년 2월 27일, 국토교통부는 「건축물대장 현황도면과 실제 거주 현황 불일치 관련 민원 해소 방안」이라는 지침을 마련했다. 일정 요건을 충족할 경우, 실제 거주 실태에 따라 건축물대장을 정정할 수 있도록 제도화한 것이다. 수십 년간 반복되던 동·호수 오류 문제를 전국적으로 적용 가능한 제도개선으로 연결했다.

이 흐름은 국토교통부 지침 제정으로 결실을 맺었고, 이후 건축법시행규칙 개정으로까지 확장되었다. 현장의 문제의식이 중앙의 제도에 반영된 순간이었다.

| 프로세스 |

▶ 문제 인지 → 실태조사 → TF 구성·대안 3안 →
국토교통부 질의·방문(설득) → 전국 실무회의 → 지침 제정 →
건축법 시행규칙 개정

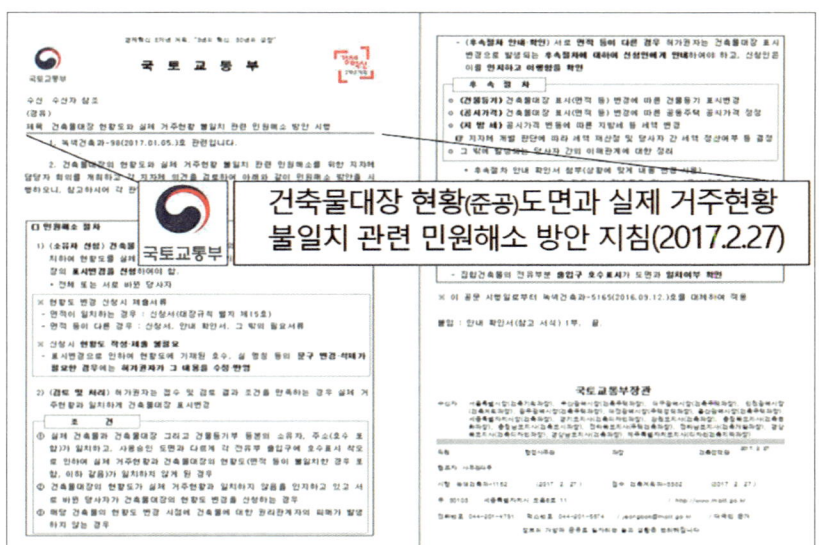

국토교통부, '건축물대장 현황도면과 실제 거주 현황 불일치 관련 민원 해소 방안' 지침

1-6 대통령 표창을 받은 제도개선

2017년 11월 30일, 세종컨벤션센터에서 열린 인사혁신처 주관 '제2회 적극행정 경진대회'에서 우리 구는 전국 218개 지자체 중 최종 본선에 진출한 4개 팀 중 하나로 선정되었다.

나는 본선 무대에 올라, 제도의 허점과 그로 인한 주민 피해, 이를 해결하기 위한 조사·설득 과정, 그리고 제도개선에 이르기까지의 전 과정을 발표했다. 전문가 심사와 현장 평가단 평가에서 최고 점수를 받아 마침내 대통령 표창(최우수상)을 수상했다.

이 성과는 현장의 불편을 제도개선으로 연결해 주민의 권리와 일상을 회복한 사례로 인정받았다. 상의 무게보다 값졌던 것은 변화의 방향이었다. 문패를 바꾼 게 아니라, 기록이 우리 삶을 따라온 날이었다.

인사혁신처장으로부터 '최우수상' 수여

건축과 TF 팀 일동

1-7 민원에서 법 개정까지

적극행정 경진대회 수상을 계기로 우리 구의 노력은 더욱 주목받았고, 제도개선에도 힘이 실렸다. 그 결과 「건축법 시행규칙」이 개정되어 사용승인(준공) 시 '동·호수'의 정확한 표기를 확인하는 절차가 법적으로 제도화되었다.

기존에 용적률·건폐율·일조권 등 당시 47개 항목에 한정되었던 현장 조사 범위가 확대된 것이다. 이제는 아파트·다세대주택·오피스텔 등 집합건축물의 동·호수 표시가 공사 완료 도서(현황도면 등)와 일치하는지를 반드시 확인해야 한다.

이로써 현장과의 불일치 문제를 해소하고 유사 오류의 사전 방지 장치가 마련되고, 행정의 신뢰성과 정확성도 한층 높아졌다. 또한 이 절차로 경매 과정의 혼선과 권리 침해를 사전에 줄일 수 있게 되었다.

이 사례는 문제를 '반복되는 민원'이 아니라 '구조적 문제'로 인식하고, 끝까지 개선 의지를 놓지 않은 결과, 법령이라는 제도의 틀을 바꾼 대표적인 적극행정의 성과였다. 공직자는 제도와 현실 사이의 괴리를 방치하지 말고, 그 원인을 분석해 해결책을 모색해야 한다.

2016년 3월 첫 민원 접수부터 2018년 11월 법령 개정까지 2년 8개월의 집요한 노력이 주민 생활에 직접적인 긍정 변화를 이끌어 냈다.

현장은 늘 서술형이다. 의심 – 확인 – 제도화, 이 세 걸음이 답을 만든다. 공직자 여러분, 해답은 규정 속에만 있지 않다. 민원의 입장에서 한 번 더 생각하는 연습을 자주 하자.

| 핵심성과 |

▶ 2017.02.27. 국토교통부 지침 제정(현황 기준 정정 허용) → 2018.11.29. 「건축법 시행규칙」 개정(사용승인 시 동·호수 일치 확인 의무화)

우리집 동.호수 바로잡기 사업

■ 건축법 시행규칙 [별지 제24호서식] <개정 2018. 11. 29.>

사용승인조사 및 검사조서

• [ ]에는 해당하는 곳에 √ 표시를 합니다.   (앞쪽)

건축주	
대지위치	
지번	

※ 「공간정보의 구축 및 관리 등에 관한 법률」에 따른 지번을 적으며, 「공유수면의 관리 및 매립에 관한 법률」 제8조에 따라 공유수면의 점용·사용 허가를 받은 경우 그 장소가 지번이 없으면 그 점용·사용 허가를 받은 장소를 적습니다.

허가번호		허가일자	
조사 / 검사자	성명 (서명 또는 인)	자격번호	
	사무소명	신고번호	
조사 / 검사일자		설계일자	

「건축법」 제27조 및 같은 법 시행규칙 제21조에 따라 아래와 같이 사용승인조사 및 검사조서를 제출합니다.

                                              년   월   일
                        제출인   (서명 또는 인)

특별시장·광역시장·특별자치시장·특별자치도지사, 시장·군수·구청장 귀하

구분		조사내용	관련규정	완공 후 현황
대지 및 도로		대지의 안전 등	「건축법」 제40조	[ ]일치 [ ]불일치 [ ]해당 없음
		토지 굴착 부분에 대한 조치 등	「건축법」 제41조	[ ]일치 [ ]불일치 [ ]해당 없음
		대지의 조경	「건축법」 제42조, 조례 ( )% 이상	( )% [ ]해당 없음
		건축선 지정	「건축법」 제46조	[ ]일치 [ ]불일치 [ ]해당 없음
현장 조사	건축설비	승용승강기의 설치	「건축법」 제64조	[ ]일치 [ ]불일치 [ ]해당 없음
		승용승강기의 구조	「건축법」 제64조	[ ]일치 [ ]불일치 [ ]해당 없음
		비상용승강기의 설치	「건축법」 제64조	[ ]일치 [ ]불일치 [ ]해당 없음
		비상용승강기의 승강장 및 구조	「건축법」 제64조	[ ]일치 [ ]불일치 [ ]해당 없음
		피난용승강기의 설치	「건축법」 제64조	[ ]적합 [ ]부적합 [ ]해당 없음
		피난용승강기의 승강장 및 구조	「건축법」 제64조	[ ]적합 [ ]부적합 [ ]해당 없음
		배연설비의 설치	「건축법」 제49조	[ ]일치 [ ]불일치 [ ]해당 없음
		강제배수시설의 설치	「건축법」 제62조	[ ]일치 [ ]불일치 [ ]해당 없음
		급수시설	「건축법」 제62조	[ ]일치 [ ]불일치 [ ]해당 없음
		온돌 및 난방설비의 설치	「건축법」 제62조	[ ]일치 [ ]불일치 [ ]해당 없음
		열손실방지 조치	「녹색건축물 조성 지원법」 제15조	[ ]일치 [ ]불일치 [ ]해당 없음
		에너지 절약계획서 이행 여부	「녹색건축물 조성 지원법」 제14조	[ ]일치 [ ]불일치 [ ]해당 없음
	도시설계	지구단위계획에의 적합여부	「국토의 계획 및 이용에 관한 법률」 제49조부터 제54조까지	[ ]일치 [ ]불일치 [ ]해당 없음
		공개 공지의 확보	「건축법」 제43조, 조례( )% 이상	( )% [ ]해당 없음
	장애인 편의시설	관계 법령에 따라 의무적으로 설치하는 시설		[ ]일치 [ ]불일치 [ ]해당 없음
	동별 표시확인	집합건축물의 동별 표시가 공사완료도서와 일치하는지 여부		[ ]일치 [ ]불일치 [ ]해당 없음
	전유부 표시확인	집합건축물의 전유무 호별 표시가 공사완료도서와 일치 여부		[ ]일치 [ ]불일치 [ ]해당 없음

2

종이에서 디지털로, 건축심의 혁신

건축허가 과정에서 거쳐야 하는 '건축심의', 얼마나 효율적으로 운영되고 있을까? 과거에는 여러 분야 전문가가 한자리에 모여 종이 도면을 펼쳐놓고 심의하곤 했다. 이 방식은 시간과 비용이 많이 소요될 뿐만 아니라, 행정력도 과도하게 투입되는 대표적인 비효율 행정 사례였다.

이러한 문제를 해결하기 위해 나는 2011년 지자체 차원에서 건축심의 절차를 온라인으로 전환하는 '전자심의' 시스템을 선도적으로 도입했다. 이 새로운 시도는 건축심의 과정을 눈에 띄게 개선하였고, 그 공로를 인정받아 제3회 지방행정의 달인으로 선정됐다.

제3회 지방행정의 달인 시상식, 2013.02.15.

전자심의 도입으로 심의 준비와 개최가 한층 신속해졌고, 비용 부담 역시 크게 줄어들었다. 이후 국토교통부의 '세움터' 시스템을 통해 이 전자심의 방식은 전국으로 확산됐다.

이 장에서는 건축심의의 디지털 전환이 어떻게 행정의 효율성을 높이고 절차를 혁신했는지, 그 의미와 과정을 자세히 소개한다.

2-1 종이 도면의 한계

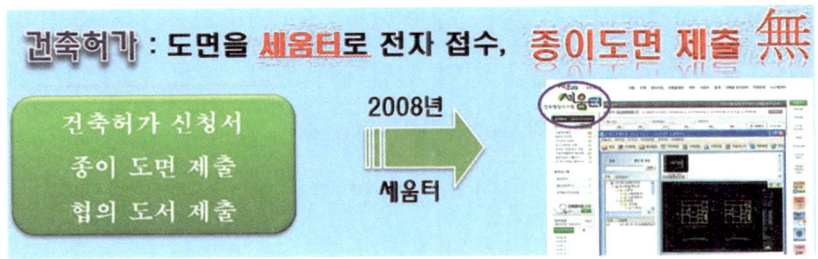

건축허가 '세움터' 접수 흐름도

건축심의는 건축허가 대상 중 일정 요건에 해당하던 반드시 거치는 절차다. 이는 건축물의 구조 안전, 도시계획 및 미관 향상을 위해 전문가들의 사전 자문을 받는 과정이다.

하지만 과거의 심의 절차는 종이 도면을 기반으로 운영되어, 준비부터 개최까지 모든 과정이 복잡하고 비효율적이었다. 2008년부터 건축허가는 디지털 행정 시스템인 '세움터'를 통해 인터넷으로 접수할 수 있게 되었지만, 건축심의 절차는 여전히 종이 도면(A3) 제출과 건축사(건축주)의 직접 방문을 요구하는 관행적 방식에서 벗어나지 못하고 있었다.

2010년, 내가 건축허가팀장으로 심의를 담당하던 시기, 정부는 금융위기 이후 침체된 건설 경기를 살리기 위해 도시형생활주택 규제를 대폭 완화했고, 그에 따라 허가 건수가 급격히 증가했다. 늘어나는 업무 속에서 기존 심의 방식의 비효율성은 더욱 도드라졌다.

심의를 앞두고 나는 인하대·인천대·인하공업전문대학 건축공학과 교수, 건축사, 기술사, 소방전문가 등 13명의 심의위원을 일일이 찾아가 종이 도면을 직접 전달해야 했다. 또한 심의 당일에는 위원별로 도면을 책상에 개별 배치해야 했으며, 모든 절차가 수작업으로 이뤄졌다. 심의가 끝나면 도면은 파쇄했고, 다음 심의를 위해 모든 과정을 다시 반복했다.

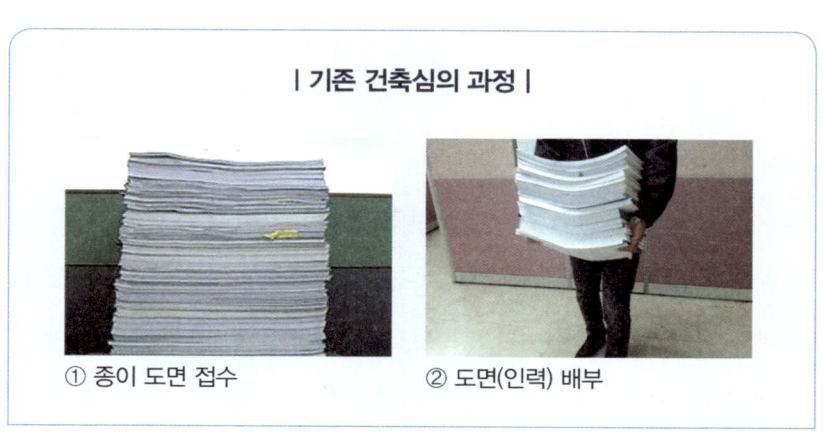

| 기존 건축심의 과정 |

① 종이 도면 접수 　　② 도면(인력) 배부

③ 심의 개최   ④ 도면 폐기

　이러한 구조는 심의 일정을 예측하기 어렵게 만들고, 준비에도 과도한 시간과 노력이 소요되었다. 도면 배부일에는 다른 업무를 병행하기 어려울 정도였으며, 건축사는 한 건의 심의를 위해 평균 25부 내외의 도면을 제출해야 했다.

　이로 인해 건당 150~200만 원의 출력 비용이 발생했고, 재심의 시 동일한 비용이 다시 들었다. 문제는 단지 비용에만 있지 않았다. 대부분의 건축 사업은 수십억 원 이상의 PF(프로젝트 파이낸싱- 사업자금 조달) 대출로 추진되므로, 심의 일정이 지연되면 이자 부담이 커져 사업성의 불확실성을 키웠다. 결국 행정 절차의 비효율성과 불확실성이 민간 투자자에게 실질적인 손실로 전가되고 있었던 것이다.

　나는 이러한 문제를 해소하고자 2011년 3월, 다음 세 가지 혁신 방안을 마련했다.

① 건축심의 서류의 간소화

　허가 수준의 방대한 도서를 요구하던 기존 관행을 개선하여, 필수 도서만 제출하도록 기준을 정비했다. 이를 통해 민간의 부담을 줄이는 동시에, 행정의 실효성도 높일 수 있었다.

② 심의 개최 주기의 정례화

　기존에는 심의 일정이 불규칙해 민간에서 사업 계획을 세우기 어려웠다. 이에 매월 2·4주 목요일 오후 3시로 심의 일정을 고정하고, 안건이 단 한 건뿐이어도 심의를 개최해 민원인의 불편을 최소화했다.

③ 심의 절차의 전자화

　종이 도면 출력과 수기 배부에 의존하던 비효율적인 방식을 전면 개선하고, 전자문서 기반의 심의 절차를 도입했다. 이로써 행정의 업무 효율성과 투명성이 향상되었고, 건축사(건축주)의 시간과 비용 부담도 크게 줄어들었다.

2-2 예산 없이 만든 디지털 심의

　건축심의도 허가처럼 자체 전산 시스템을 구축하는 방안을 고민했지만, 현실적인 한계에 부딪혔다. 신규 시스템을 별도로 개발하거나 구축할 재정 여력이 부족했고, 심지어 노트북 20여 대를 마련하는 것조차 어려운 상황이었다. 그러나 해답은 새 예산이 아니라, 있던 자원의 재배치였다.

기존의 회의실 대신 청사 내 전산교육장을 활용하는 아이디어가 떠올랐다. 전산교육장은 주민 교육이 끝나는 오후 3시 이후에는 비어 있었고, 이미 컴퓨터, 프로젝터, 스크린 등 전자심의에 필요한 장비도 충분히 갖춰져 있었다.

기존 : 종이 도면 심의 　　　　　개선 : 디지털 전자 심의

이 때문에 별도의 예산 부담 없이 전자심의를 실시할 수 있었다. 기존의 여러 난제를 한꺼번에 해소한, 간단하면서도 혁신적인 대안이었다. 더욱이 전국 지자체에 전산교육장이 마련되어 있어, 다른 지역에서도 충분히 도입할 수 있는 실용적인 모델이었다.

2-3 '3無 시스템'의 탄생

건축심의 도서는 전자파일(PDF)로 접수하고, 사전 배부는 이메일로 전환해 '종이 도면'과 '심의위원 개별 방문'을 완전히 없앴다. 전자심의 당일에는 전산교육장 전면 스크린에 도면을 띄우고, 위원들은 PC에 저장된 파일로 비교·검토했다. 즉, ① 종이 도면 無 ② 방문 배부 無 ③ 신규 구축비용 無, '3無 건축심의'가 자리 잡았다.

이렇게 만들어진 '3無 시스템'은 곧 현장에서 뚜렷한 변화를 만들어 냈다.

┃ 기존 vs 개선(3無 전자심의), 심의 방식 비교

기존(2011년 이전) 방식	개선 사항 (3無 심의)
책자 형태의 종이(A3) 도면 방문 제출 (25부, 150~200만 원/건)	전자파일(PDF)로 접수(종이 도면 無)
공무원, 심의위원에게 직접 배부	이메일(PDF)로 배부(방문 無)
별도 시스템 구축 필요	구청 기자재 활용(구축비용 無)
심의 일정, 불규칙 및 장시간 소요	월 2회 정례화, 신속한 심의 진행

2-4 종이 160만 장 절감, 수천 시간 절약

우리 구는 2011년 3월부터 약 800건의 전자심의를 처리했다. 그 결과, 도면 제작·편철 비용 약 17억 원을 절감했고, A3용지 기준 약 160만 장의 종이를 아꼈다. 이 같은 효과는 전국 243개 자치단체에서 실시되는 심의 건수를 감안할 때, 연간 약 100억

원의 비용 절감 효과가 기대된다.

또한 전자심의 도입은 민간과 행정 모두에게 실질적인 편익을 제공했다. 건축사의 구청 방문 횟수는 기존 평균 3회에서 1회로 줄었고, 공무원도 반복적이고 비효율적인 도면 수령·배부 업무에서 벗어날 수 있었다. 이로 인해 행정의 생산성이 향상되고, 민원 대응의 속도와 품질도 눈에 띄게 개선되었다.

무엇보다 전자심의 시스템은 지속적인 심의 지연 문제를 해소하는 데 결정적인 역할을 했다. 기존에는 심의 접수 이후에도 일정에 대한 법적 기준이 명확하지 않아, 일부 지자체에서는 안건 수가 적다는 이유로 최대 6개월까지 심의를 미루는 사례도 있었다. 이는 언론을 통해 공론화되었고, 민원인의 불만과 행정에 대한 불신을 키우는 주요 요인으로 지적되었다.

2-5 제도개선과 전국 확산에 기여

이 같은 한계를 극복하고자, 우리 구는 전자심의를 기반으로 한 신속하고 투명한 운영체계를 마련하고, 정례화된 일정 운영을 통해 심의 절차의 안정성을 확보했다. 현장 성과를 묶어 국토교통부에 여러 차례 공유·건의했고, 2013년부터 '세움터'에서 반영되어 본격화됐다. 이는 행정 효율성과 민원 편의 측면에서 획기적인 전환점이 되었다. 각 지자체의 속도 차는 줄었고, 시민은 예측 가능한 심의를 경험하게 되었다.

　아울러, 국토교통부가 2012년 하반기에 실시한 전국 지자체 건축심의 운영 실태 조사에서도 운영 편차가 크게 드러났다. 우리 구처럼 접수 후 2주 이내에 신속하게 심의를 처리하는 지자체가 있는 반면, 일부 지역은 앞선 언급처럼 최대 6개월까지 지연되기도 했다. 이러한 조사 결과는 운영 편차의 구조적 원인을 드러냈고, 그 해소를 위해 「건축법 시행령」이 개정되어 '접수일로부터 1개월 이내 심의 개최'가 법적 기준으로 명문화되었다. 이는 전자심의 시스템이 단순한 업무 방식 개선을 넘어, 제도와 법령 개정이라는 구조적 변화를 이끌어 낸 우수 모델로 평가된다.

　이 사례는 건축 분야에만 국한된 것이 아니다. 복잡한 절차와 비효율적인 행정 관행은 어느 분야든 존재한다. 적은 예산과 인력 속에서도 시스템을 바꾸고, 제도까지 개선한 이 경험은 모든 공무원이 공감할 수 있는 적극행정의 본보기라 생각한다.

　무엇보다 전자심의 제도의 우수성은 대외적으로도 높이 평가받았다. 2012년 '전국 민원행정 개선 우수사례 경진대회'에서 우수상을 수상하였고, 정부 '지식관리시스템(GKMC)'에 모범 사례로 등재되면서 제도의 실효성과 확장 가능성을 공식적으로 인정받았다.

　전자심의는 단순히 행정 효율을 높이는 데 그치지 않고, 비용 절감, 환경 보호, 절차의 투명성 확보 등 다양한 가치를 실현한 디지털 행정의 선도 모델로 자리매김하였다. 이는 단순한 방식 개선을 넘어, 현장의 실험이 행정 표준과 법령을 함께 바꾼 전환점이었다.

| 핵심성과 |

▶ 전자심의 전국 확산('세움터' 연계) + 「건축법 시행령」 개정으로 접수 후 1개월 이내 심의 개최 의무화.

국토교통부 보도자료, 2012.12.04.

경기신문, 2011.11.11.

3

현장을 바꾸는 힘,
'제도개선 동아리'

3-1 주민의 억울함을 다시 보다

맞는 말이, '이해되는 말'이 되기까지는 시간이 필요하다. 건축은 공간을 짓는 일을 넘어 권리를 설계하는 일이다. 건축과는 건축허가, 공동주택 관리, 건축물 유지관리 등 주민의 일상과 밀접하게 연결된 업무를 담당하며, 수많은 민원인을 마주하게 된다. 이 과정에서 이웃 간 갈등, 재산권 분쟁, 도시계획에 대한 불신 등 복합적인 민원이 끊임없이 발생한다.

공무원은 법령과 제도(훈령, 지침, 고시, 가이드라인 등)에 근거하여 업무를 처리하고, 늘 규정으로 주민께 설명한다. 그러나 법적 설명이 이해로 이어지지 않는 지점이 있다. 그래서 제도로 보완할 필요가 있었다. 시간을 들여 차근차근 이야기를 나누다 보면, 절차상 하자가 없더라도 민원인의 입장에서 보면 충분히 억울할 수 있겠다는 생각이 들곤 했다.

이러한 경험은 우리에게 한 가지 질문을 던지게 했다.

"우리는 시대의 흐름에 맞는 규정으로 일하고 있는가?"

혹시 낡고 비합리적인 규정이, 국민의 삶에 불필요한 고통을 주고 있는 것은 아닐까? 공직자라면 누구나 한 번쯤은 "왜 이 제도는 이렇게 불편하게 되어 있을까?" 하는 의문을 품어봤을 것이다. 그러나 눈앞의 바쁜 업무에 쫓기다 보면, 그런 문제의식은 늘 뒷전으로 밀려나기 쉽다.

그래서 나는 2010년 1월, 건축과 내에 '제도개선 동아리 운영계획'을 수립하고 가동했다. 현장의 문제의식을 실천으로 연결하기 위해 만든 이 모임은 실무자들이 자율적으로 불합리한 제도를 발굴하고 개선안을 제안하는 실천형 연구모임이었다. 억울함에 공감하고, 제도의 빈틈을 메우며, 행정이 주민에게 더욱 따뜻하게 다가갈 수 있도록 함께 고민하는 장이었다. 이 모임은 문제 제기에 그치지 않고, 현장을 다양한 시각으로 바라보며 실질적인 해결책을 모색하는 직무 연찬의 장으로 발전했다. 위계 중심의 기존 조직문화를 벗어나, 자율성과 현장 경험을 바탕으로 한 혁신과 소통의 공간으로 자리 잡았다.

그래서 질문을 바꿨다.

"절차상 하자가 없는데도 억울하다면, 제도가 늦은 건 아닐까?"

그 억울함을 제도의 언어로 번역하는 일 – 그게 우리가 할 일이다.

3-2 불편과 안전에서 출발한 혁신

건축허가 부서는 규제가 가장 많은 분야 중 하나다. 건축 관련 법령은 재산권, 이웃 간 관계, 도시의 안전과 복지까지 폭넓게 영향을 미친다. 그러나 현장에서는 법령이 시대에 뒤떨어져 있거나 해석이 모호해, 주민의 기대와 괴리가 발생하는 경우가 적지 않다. 동아리는 이러한 괴리 속에서 '작지만 실질적인 변화'를 만들어내고자 했다. 실무자의 경험과 문제의식을 바탕으로 다음 네 가지 분야를 중심으로 제도개선을 추진했다.

① 규제 분야: 이해관계 충돌 속 불합리한 규정 발굴
② 생활 분야: 시대 흐름에 맞지 않는 낡은 기준 개선
③ 안전 분야: 건설 현장과 노후 건축물의 위험 요소 사전 대응
④ 복지 분야: 주거·도시 환경의 취약 조건 개선

실제로 빈집 안전 조례, 실거주에 맞춘 건축물대장 정비 같은 작은 손질들이 현장을 조금씩 바꿨다. 규정대로가 아니라 '삶에 맞게' 작동하는 행정. 동아리가 지향한 철학은 줄곧 이것이었고, 방식은 작은 불편에서 출발해 제도를 고치고 다시 현장에서 확인하는 순환이었다.

3-3 운영 구조와 방식

건축과는 총 6개 팀으로 구성되어 있으며, 각 팀은 일상 업무 속에서 "이건 좀 바꿔야 하지 않을까?"라는 문제의식을 자연스럽게 갖게 된다. 하지만 바쁜 행정 업무에 쫓기다 보면, 이러한 생각들은 실행으로 이어지지 못한 채 흐지부지 사라지기 쉽다. 이를 방지하고 실질적인 제도개선으로 연결하기 위해, '동아리'는 TF형 회의체로 구성·운영되었다.

1) 운영 방식

매월 마지막 주 금요일, 각 팀은 팀별로 수렴한 제도개선 아이디어를 '동아리' 회의에 상정한다. 이 자리에서 구성원들은 자유롭게 토론하며 문제의 본질과 해결 방향을 다각도로 논의한다.

이후 1개월 동안 실무자들은 해당 안건에 대해 법령 분석, 타 지자체 사례 비교, 현장 검토 등을 수행하며 충분히 숙의한다. 다음 회의에서는 그 과정을 공유하고, 안건 채택 여부를 결정한다. 채택된 안건은 국토교통부, 인천시 등 관계 기관에 공식 건의된다.

▎시스템 절차도

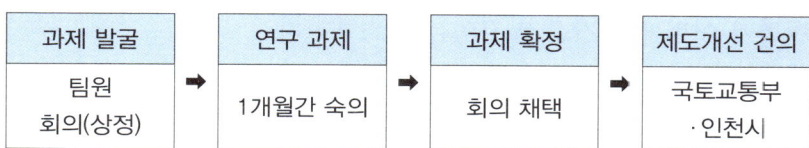

2) 추진 성과

이와 같은 체계적·자율적 구조를 통해 2010년부터 2020년까지 제도개선 과제 170여 건을 발굴했고, 이 중 30건 이상이 실제 법령·지침·고시 등에 반영되었다. '동아리'는 공무원의 직관과 경험, 현장 의견, 지속적 학습을 토대로 행정 변화를 견인하는 혁신의 장이 되었으며, 성과의 기준은 늘 분명했다. '누가 제안했는가'가 아니라 '얼마나 편해졌는가'이다.

구분	2015년 이전	2016년	2017년	2018년	2019년	2020년
발굴	78	23	18	18	13	19
반영	20	2	5	2	1	-

성과 요약(2010~2020) : 과제 170여 건 발굴, 30건 이상 반영(법령·고시·지침)

3-4 현장을 바꾼 주요 사례

'동아리'는 일상의 불편과 문제의식에서 출발해, 실제 혁신을 이끌어 냈다. 그중 대표적인 현장 기록을 통해, 작지만 의미 있는 변화가 어떻게 현장을 바꾸었는지 소개한다.

제도개선 동아리 회의 모습, 현대일보, 2019.04.29.

1) 오피스텔·다세대주택·연립주택, 층간소음 방지 기준 확대 적용 (2011년 건의)

2011년 당시 층간소음 방지기준은 「주택법」에 따라 '사업승인'을 받은 아파트에만 적용되고 있었다. 반면, 오피스텔·다세대주택·연립주택 등 소규모 공동주택은 법적 기준이 없어, 구조적으로 더 소음에 취약함에도 분쟁과 갈등에 무방비로 노출돼 있었다. 실제로 층간소음 문제는 심각한 이웃 간 갈등으로 번지는 경우가 많았으며, 극단적 분쟁으로 비화하는 사례가 사회문제로 대두되고 있었다. 이에 '동아리'는 "모든 공동주택에 층간소음 방지기준을 적용해야 한다"라는 개선안을 마련해, 2011년 정부에 공식 건의했다. 그 결과, 2015년 국토교통부는 관련 고시를 개정해 「층간 바닥충격음 차단 구조기준」을 마련하고, 기존 아파트에만 적용되던 기준을 오피스텔·다세대주택·연립주택까지 확대 적용하였다.

| 제도개선 건의 및 반영 |

▶ 기준 적용 대상 확대: 아파트 → 오피스텔·다세대주택·연립주택 포함
▶ 구조적 대책 의무화: 설계 및 시공 단계에서 소음 저감 대책 반영 의무화
▶ 수치 기준 도입: 중량 충격음 50dB 이하, 경량 충격음 58dB 이하

이러한 제도개선은 법의 사각지대에 놓여 있던 소규모 공동주택 거주자의 주거권을 실질적으로 보장하고, 이웃 간 불필요한 갈등을 사전에 줄이는 데 기여하고 있다. 한밤중 층간소음 때문에 늘 신경이 쓰인다는 관리소 직원의 "오늘은 좀 조용했습니다"라는 말 한마디가, 제도 변화의 의미를 보여주었다.

언론보도 사례

오피스텔·연립·다세대주택 적용 '층간소음 방지기준' 마련, 연합뉴스, 2015.02.13.

KBS 뉴스, 2018.05.27.

2) 3층 이상 필로티 건축물, 건축구조기술사 확인 의무화 (2017년 건의)

2017년 당시 「건축법」은 6층 이상 건축물에만 건축구조기술사의 '구조안전 확인서'를 요구하고 있었다. 반면, 3~5층 규모의 필로티 구조 건축물은 구조 검토 대상에서 제외되어, 안전에 취약한 상태로 설계·시공되는 문제가 있었다.

필로티 구조란 건물 1층에 벽 없이 기둥만 세운 개방형 구조로, 주차 공간 확보 등을 위해 활용되지만, 횡력에 취약해 지진 시 붕괴 위험이 큰 구조다. 위험성 지적은 이어졌지만 제도 보완은 미비했다.

2017년 포항에서 발생한 규모 5.4 강진으로 위험성이 현실화되었다. 2017년 11월 15일, KBS 뉴스 보도처럼 당시 가장 큰 피해를 입은 건축물 중 하나가 5층 이하 필로티 구조의 다세대주택이었고, 붕괴 직전까지 이르는 상황이 발생하면서 구조적 허점이 사회적 이슈로 부각되었다. 이에 '동아리'는 정부에 다음과 같은 개선안을 건의했다.

| 제도개선 건의 및 반영 |

▶ 건의 내용 : 3층 이상 필로티 구조 건축물도 건축구조기술사의 구조안전 확인을 의무화해 줄 것을 건의

▶ 개정 결과 : 2018년 「건축법 시행령」 개정을 통해, 3층 이상 필로티 건축물도 구조기술사의 확인을 반드시 거치도록 의무화됨

이 개선은 구조적 사각지대에 놓여 있던 중·저층 필로티 건축물의 안전을 실질적으로 강화한 사례다. 재난이라는 구체적 경험을 계기로 제도가 변화했다는 점에서 큰 의미가 있으며, 현장의 문제의식이 제도개선으로 이어진 대표적인 공공안전 행정의 성과로 평가된다.

비유하자면, 이전의 필로티 건축물은 안전 점검 없이 무대에 오른 배우와 같았다. 이제는 설계 단계부터 구조기술사의 검토를 거치며, 안전을 전제로 무대에 오른다. 안전이라는 기본이 확보되어야 비로소 공간의 기능이 제대로 작동할 수 있다는 점을 다시금 일깨워 준 사례였다. 현장은 설계 단계부터 위험을 다시 묻기 시작했다. '안전이 먼저'라는 당연한 원칙이 일상이 되었다.

※ 언론보도 사례

국민일보, 2017.11.15.

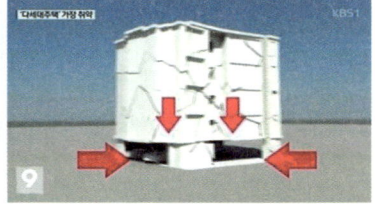
KBS 뉴스, 2017.11.15. 지진 취약성

3) 기계식 주차장, 관리인 배치 의무화 (2015년 건의)

과거 기계식 주차장은 '효율'과 '공간 활용'의 측면에서 널리 도입되었지만, 그만큼 많은 안전사고의 온상이 되기도 했다. 특히 무인으로 운영되는 주차장에서 사고가 집중되었는데, 이는 이용자의 장치 조작 미숙, 기계 결함 발생 시 즉각적인 대응 부재, 그리고 현장 안전관리 인력의 부재로 이어지며 인명 피해로까지 확산되는 심각한 문제였다.

당시 「주차장법」에는 관리인 배치 의무가 없었다. 고장·조작 실수 사고가 반복돼도 법령이 이를 뒷받침하지 못했다. 이에 따라 '동아리'는 2015년 다음과 같은 제도개선을 건의했다.

| 제도개선 건의 및 반영 |

▶ 건의 내용
  - 일정 규모 이상의 기계식 주차장에 관리인 배치 의무화
  - 조작 안내문 설치를 법제화하여 사용자 혼란 예방
▶ 개정 결과: 2016년 2월 「주차장법」 개정
  - 20대 이상 차량을 수용하는 기계식 주차장: 관리인 배치 의무화
  - 조작 방법 안내문: 눈에 잘 띄는 위치에 부착 의무화 제도 신설

이러한 제도개선은 자율 운영보다는 '이용자의 안전'을 우선시한 결정이었다. 개정 이후 예방 효과가 확인됐지만, 실효성 유지를 위해 관리인 상시 배치와 정기점검이 병행돼야 한다. 무엇보다 시설의 설계와 운영에서 '사람의 생명과 안전이 최우선'이어야 한다는 원칙을 명확히 제도에 반영했다는 점에서, 이 개선은 매우 중요한 의미를 지닌다.

그러나 제도개선에도 불구하고, 일부 현장에서는 여전히 안전사고가 발생하고 있다. 이는 안전 규정 준수와 관리 인력의 상시 배치, 장치 정기 점검이 꾸준히 이루어져야 함을 보여준다.

※ **언론보도 사례**

YTN 뉴스. 2022.10.02.

조선일보. 2024.02.06.

4) 해체공사 안전관리체계 마련 (2017년 건의)

과거에는 건축물 철거 공사가 「건축법」 제36조에 따라 단순 신고만으로 가능했다. 해체계획서·감리 지정 등 안전관리 절차가 없어, 철거 현장은 추락·붕괴·낙하물 위험에 상시 노출됐다. 실제로 크고 작은 사고가 끊이지 않았지만, 법과 제도는 이러한 현실을 따라가지 못했다.

일반 건축공사에는 감리와 안전관리 절차가 체계적으로 적용되는 반면, 해체공사 단계에는 어떠한 안전관리 체계도 작동하지 않는 구조적 공백이 존재했다. 특히 철거는 본질적으로 위험성이 큰 작업임에도 불구하고, 이를 뒷받침할 법적 보호 장치가 없는 상황은 명백한 제도적 한계였다. 이에 우리는 2017년, 일정 규모 이상의 건축물을 해체할 경우 해체계획서 제출과 감리자 지정을 의무화하도록 정부에 제도개선을 건의했다.

> **| 제도개선 건의 및 반영 |**
>
> ▶ **건의 내용** 건축물 해체공사에도 설계·시공과 마찬가지로 허가제 및 감리제도의 도입이 필요함.
> ▶ **입법 결과** 2019년 「건축물관리법」 제정으로 반영
> ▶ **시행 효과** - 해체계획서 제출 및 감리자 지정 의무화
>   - 해체 허가 대상 : 연면적 500㎡ 이상, 높이 12m 이상, 3층 이상 건축물
>   - 「건축법」에 흩어져 있던 해체 관련 규정, 「건축물관리법」으로 통합·정비

이러한 제도개선은 임의 철거 관행에서 벗어나 해체공사를 체계적으로 관리할 수 있는 기반을 마련했다는 점에서 큰 의미가 있다. 특히, 감리자 제도를 통해 해체 전 과정에서 안전계획의 이행 여부를 상시 점검할 수 있게 되었으며, 해체계획서 제출은 사전 위험 분석과 대응 방안을 마련하는 절차로 정착되었다.

반복되는 사고의 근본 원인을 공직자의 제도개선으로 해결한 이 사례는, 국민의 생명과 안전을 지키기 위한 적극행정의 성과라 할 수 있다. 신고에서 관리로, 관행에서 계획으로, 철거의 원칙을 다시 세웠다.

※ 언론보도 사례

연합뉴스, 2019.07.04. 서울 잠원동

민중의소리, 2012.01.13. 서울 역삼동

5) 철거 시 석면조사 결과서 제출 의무화 (2010년 건의)

과거 건축물 철거 공사는 '석면조사 결과서'를 제출하지 않아도 가능했다. 이는 「건축법」상 제출 의무가 없었기 때문이었다. 하지만 「산업안전보건법」에서는 석면조사를 하지 않은 경우 최대 5천만 원의 과태료를 부과하도록 규정하고 있어, 법령 간의 충돌로 인한 혼란이 빈번하게 발생하였다.

실제로, 철거 신고 자체는 적법하게 이루어졌음에도 '석면조사 결과서'를 제출하지 않았다는 이유로 뒤늦게 과태료를 부과받는 사례가 이어졌다. 이러한 상황은 행정 불신으로 이어졌고, 무엇보다 석면이라는 1급 발암물질이 철거 현장에서 제대로 관리되지 않은 채 방치되는 심각한 안전 문제로도 연결되었다.

이에 우리는 2010년, 석면조사 대상 건축물의 경우 철거 신고 시 반드시 '석면조사 결과서'를 함께 제출하도록 하는 제도개선을 건의했다. 관계 부처 간 협의와 법령 검토를 거쳐 「건축법」이 개정되었고, 이후부터는 철거 신고 단계에서 '석면조사 결과서' 제출이 의무화되었다.

> **| 제도개선 의의 |**
>
> ▶ 「건축법」과 「산업안전보건법」 간의 정합성을 확보하고, 현장의 불필요한 과태료 부담을 해소
> ▶ 철거 과정에서 석면 노출 위험을 줄여 국민 건강권 보호에 기여

서류 한 장이 아니라, 법 간 충돌을 풀고 신고 단계에서 위험을 관리하게 만든 장치였다. 한 장의 결과서가, 작업자와 주민의 호흡을 지키는 안전선이 되었다.

6) 소방관 진입창, 기준 신설 (2017년 건의)

과거 「건축법 시행령」은 '진입 위치 표시'만 규정해 실제 화재 시 동선 확보가 어려웠다(야간 식별 곤란). 2019년 「건축물의 피난·방화구조 등의 기준에 관한 규칙」 제18조의2 신설로, 2층 이상 11층 이하 각 층에 소방관 진입창 1개 이상 설치하고 창 중앙에 지름 20cm 이상 붉은색 역삼각형 반사표시를 부착하도록 했다. 그 결과 야간 식별·구조 동선 확보가 크게 개선됐다.

| 소방관 진입창, 기준 신설 제도개정 전후 비교

구분	제도개선 전 (2017년 이전)	제도개선 후 (2019년 이후)	비고
법적 근거	「건축법 시행령」에 '진입 위치 표시'만 규정	「건축물의 피난·방화구조 등의 기준에 관한 규칙」 제18조의2 신설	
설치 기준	구체적인 설치 기준 없음	2층 이상 11층 이하 각 층에 1개 이상 진입창 설치 의무화	
식별 표시	별도 표시 기준 없음	중앙에 지름 20cm 이상 붉은색 역삼각형 반사표시 부착	▼
현장 대응 효율	구조 동선 확보 어려움, 야간 식별 곤란	구조 동선 확보 용이, 야간에도 진입창 식별 가능	

7) 아파트 경비원 휴게시설 설치기준 신설 요청 (2019년 건의)

2016년, 고용노동부는 「감시·단속적 근로자의 근로·휴게시간 구분에 관한 가이드라인」을 발표하며 아파트 경비원의 근로 조건 보호를 위한 첫걸음을 내디뎠다. 이 지침은 근로시간과 휴게시간의 구분을 명확히 하고 근로계약서에 이를 반드시 명시하도록 하여, 경비원의 열악한 노동환경 개선에 실질적인 도움이 되었다.

그러나 이러한 제도적 보호와 달리 실제 아파트를 건설하는 과정에서는 여전히 문제가 존재했다. 「주택건설기준 등에 관한 규정」에는 경비원 휴게시설 설치에 대한 명확한 규정이 없었기 때문에,

일부 공동주택 단지에서는 경비원이 쉴 공간조차 없이 근무해야 하는 상황이 반복되었다. 아무리 휴게시간이 법적으로 보장되더라도, 이를 보장할 물리적 공간이 없다면 무의미한 제도가 되고 만다.

이 같은 현장의 목소리를 바탕으로 우리는 2019년 국토교통부에 제도개선을 건의했다. 핵심은 "50세대 이상의 공동주택을 건설할 때, 경비원 등 관리업무 종사자를 위한 휴게시설을 필수로 설치해야 한다"라는 규정을 신설해달라는 것이었다. 이 제안은 단순한 편의시설 설치를 넘어서, 공동주택 관리 노동자의 기본권과 인권을 보장하자는 취지를 담고 있다.

그 결과, 2020년 1월 7일 「주택건설기준 등에 관한 규정」 제28조 제1항이 개정되었으며, 공동주택 건설 시 경비원 등 관리업무 종사자를 위한 휴게시설 설치가 법적으로 의무화되었다.

| 제도개선 의의 |

▶ 휴게시간은 권리이고, 휴게공간은 그 권리를 현실로 만드는 장치
▶ 설계 단계부터 노동자의 인권·근로환경과 주거 공간 속 공존 가치 반영
▶ 겨울 새벽 손을 녹일 공간 하나가, 행정이 사람의 시간을 이해했다는 증거

3-5 공감 행정이 바꾼 내일

　지금까지 소개한 제도개선 사례들은 주민의 일상 속 불편을 줄이고, 더 안전하고 편리한 삶을 만들기 위한 체감 가능한 변화의 결과들이다.

　법령과 제도는 시간이 흐르며 현실과 어긋나거나 경직되기 쉽다. 이러한 불일치를 먼저 발견하고 개선하는 것, 그것이 현장 공무원의 중요한 역할이자 책무다. 우리 건축과는 이러한 노력을 꾸준히 이어온 결과, 구청 내 제도개선 우수부서로 여러 차례 선정되기도 했다. 그러나 무엇보다 값진 성과는 이러한 혁신이 주민의 불편을 덜고, 일상에 안심을 더해줄 수 있었다는 점이다. 물론 '규정대로' 행정하는 것도 중요하다.

　그러나 지금 필요한 것은 국민의 삶에 맞게 제도를 해석하고 운영하려는 공감의 자세다. 현장의 눈높이로 문제를 보고, 국민의 목소리에 진심으로 귀 기울이는 태도야말로 공직자의 핵심 덕목이다.

　제도는 단순히 적용하기 위한 도구가 아니다. 공직자는 법령은 물론 각종 지침과 가이드라인의 취지를 이해하고, 국민의 안전과 불편 해소라는 목적을 잊지 않아야 한다. 그리고 그 목적에 맞게 제도를 끊임없이 점검하고 개선해 나가는 것이 바로 '적극행정'이다.

　후배 공직자 여러분, 바쁜 하루에도 한 번은 민원 창구 앞 의자에 앉아 보길 바란다. 돌아보면 현장은 늘 정답을 고르는 문제가 아니라, 답을 써야 하는 문제였다. 그러니 정답을 찾기 전에 사람을 먼저 생각해 보자. 제도는 그다음에, 우리가 함께 써 내려가면 된다.

3-6 제도개선 씨앗이 된 두 가지 경험

'제도개선 동아리' 활동보다 훨씬 이전의 이야기다. 2004년 초, 나는 부평구 사회복지과에 근무 당시 주민들의 불편을 덜기 위해 두 가지 법령 개정을 인천시를 거쳐 보건복지부에 건의한 바 있다. 비록 작은 불편에서 시작했지만, '현장의 목소리를 제도에 새긴다'는 원칙을 배웠다. 훗날 동아리의 철학이 된 씨앗이었다.

1) 공동주택의 '장애인 전용주차구역 설치' 의무화 (2004년 반영)

2000년대 초반만 해도 「장애인·노인·임산부 등의 편의증진 보장에 관한 법률」(이하 '편의 증진법')에 따른 '장애인 전용주차구역 설치' 의무는 공공기관이나 다중이용시설 등에만 국한되어 있었다. 공동주택 단지에는 해당 규정이 적용되지 않아 장애인 당사자의 실질적인 주차 편의가 제한되었고, 입주민 간 갈등이 빈번히 발생했다.

이에 공동주택에도 전용주차구역 설치를 의무화해 달라는 건의서를 제출했다. 이는 당시 노무현 정부의 '사회적 약자를 위한 복지 확대' 기조와 맞물려 신속히 수용되었고, 2004년 7월 1일 시행된 「편의증진법 시행령」 개정을 통해 제도화되었다.

> **「편의증진법 시행령」** (시행 2004.07.01.)
> ▶ 개정 주요 내용
> – 공동주택에 '장애인 전용주차구역 설치' 의무화
> – 일정 규모 이상의 의원·치과의원·한의원·미용업소 및 교정시설 등에도 편의시설 설치 의무 부과

2) 건축 감리자가 '장애인 편의시설 설치' 적정 여부 확인 (2005년 반영)

당시, 건축물의 사용승인(준공) 단계에서는 장애인 편의시설이 설치 기준에 맞게 시공되었는지를 확인하는 절차가 미흡했다. 왜냐하면 이 업무를 담당하는 공무원이 사회복지나 행정직인 경우가 많아, 설계도면 해석이나 현장 점검에서 전문성이 부족하다는 문제가 꾸준히 제기되고 있었다.

이에 나는, 건축공사의 감리자가 사용승인 신청을 위한 현장 조사 과정을 거치므로 이때 '장애인 편의시설의 설치' 적정 여부도 함께 확인하고, 그 결과를 '사용승인 조사 및 검사조서'에 기재하도록 건의했다. 이 개선안은 2005년 7월 18일 개정된 「건축법 시행규칙」에 반영되었으며, 이를 통해 편의시설 설치의 적정성을 사전에 전문가가 검증하는 절차가 마련되었다. 그 결과, 담당 공무원의 업무 부담은 줄고, 시설 품질과 행정 신뢰도는 동시에 높아졌다.

※ 「**건축법 시행규칙**」 (2005.07.18. 일부 개정)

▶ 개정 주요 내용: 장애인 편의시설 설치 적정 여부 확인

  (별지 제21호 서식 및 별지 제24호 서식)

  – 감리보고서 및 사용승인 조사·검사조서에 장애인 편의시설 설치 여부 명시

  – 형식적 설치 방지, 실질적 편의 증진 기대

④ 도시의 애물단지를
마을의 보물단지로

4-1 빈집 문제와 '깨진 유리창 이론'

"그 집 앞은 애가 혼자 지나가질 못해요."

해가 지면 그 앞을 지나기 꺼려진다는 주민의 목소리. 마을 골목 한편에 유리창이 깨진 채 방치된 빈집이 있었다. 담장 너머로는 잡초가 무성했고, 쓰레기는 하나둘씩 쌓여갔다.

도시 속 빈집은 단지 사람이 살지 않는 공간이 아니다. 그 자체로 도시 풍경을 해치고 주민의 일상을 위협한다. 청소년 일탈, 무단 투기, 불법 점거, 화재 및 범죄 발생 우려 등, 빈집이 가져오는 문제는 결코 가볍지 않다. 이러한 틈 하나가 동네 전체의 균열로 확산된다.

'깨진 유리창 이론(Broken Windows Theory)'은 이런 현상을 설명한다. 깨진 유리창 하나를 방치하면 곧 다른 창도 깨지고, 마침내 그 건물과 주변이 범죄의 온상이 된다는 이론이다. 처음엔 낙서 하나, 쓰레기 한 봉지에 불과하지만 무질서가 반복되면 공동체의 질서와 신뢰가 무너진다.

이것은 특정 낙후 지역만의 일이 아니다. 도심 한복판, 평범한 주택가에서도 벌어진다. 빈집 한 채가 골목 전체를 바꾸고, 마을의 안전을 위협할 수 있다면, 행정의 역할은 그 '작은 이상 신호'를 누구보다 먼저 알아채는 데서 출발해야 한다.

도시재생의 시작은 거대한 계획이 아니라, 아이들이 그 집 앞을 웃으며 지날 수 있게 만드는 일이다. 그 작은 변화 하나가 마을 분위기를 바꾸고, 사람들의 삶까지 바꿀 수 있다.

SBS 뉴스, 2014.11.29.

JTBC 뉴스, 2015.02.05.

4-2 추진 배경과 정책 대응

2000년대 중반까지 이어지던 부동산 광풍은 2008년 글로벌 금융위기로 급격히 식었다. 재개발·재건축이 곳곳에서 중단되면서 도심의 빈집이 빠르게 늘었고, 방치된 빈집은 안전사고와 범죄 우려까지 키웠다. 당시 언론 보도에 따르면 전국 빈집은 약 100만 채, 일본은 약 820만 채로 추정됐고, 인천에도 2천여 채가 존재했다.

2012년 초, 구청장 주재 간부회의에서 빈집 안전사고 문제가 공식 제기됐다. 당시 전담 부서도, 법적 기준도 없었다. 추진 주체가 없는 와중에 비서실장의 요청으로 빈집 관리 방안을 보고한 뒤 업무 총괄을 맡아, 빈집을 '위험'이 아닌 '자산'으로 보는 관점에서 전수조사 등 실태조사와 현장 파악을 시작으로 관리 기반 구축 → 재활용으로 이어지는 전략을 추진했다.

이후 '제도개선 동아리'가 빈집의 법적 정의 신설과 지자체 안전조치·철거 권한 근거 마련을 관계 부처에 건의했으며, 그 취지가 반영돼 2017년 제정·2018년 시행된 「빈집 및 소규모주택 정비에 관한 특례법」이 '1년 이상 미거주 주택' 등을 빈집으로 정의하고, 지자체의 안전조치·철거 명령 근거를 명확히 했다.

우리는 2013년부터는 조사 결과를 토대로 위치·구조·소유자 정보를 체계화하고 '빈집 재활용 사업'을 본격화했다. 특히 숭의동·용현동·도화동 등 재개발 지연과 고령화가 겹친 지역에 집중 대응했다. 전략의 핵심은 단순 철거가 아닌 재활용이었다. 마을 커뮤니티 공간, 공유 텃밭, 소규모 문화 공간으로 변신한 빈집들은 골목의 중심이 되었고, 도시의 애물단지가 마을의 보물단지로 거듭났다. 첫 리모델링이 끝난 날, 꺼졌던 골목 불이 다시 켜졌다. 방치된 위험을 기회의 자산으로 바꾼 적극행정의 상징이었다.

4-3 빈집 실태조사와 등급 분류

　초기에는 구에서 빈집을 직접 매입해 주차장이나 소공원 같은 공공시설로 조성하는 '구 매입 방식'으로 사업을 추진했다. 이 방식은 주민 만족도가 높고 지역 환경 개선에도 효과적이었지만, 점차 비용이 큰 부담으로 작용했다. 구 자체 예산만으로는 지속적인 추진이 어려웠고, 보다 지속 가능한 관리 방안이 필요해졌다. 게다가 재개발 사업의 장기 지연으로 정비구역이 해제되면서 빈집 수는 해마다 증가했다.

　이에 따라 2013년부터는 정기적인 실태조사를 통해 빈집 통계를 체계적으로 관리하고, 재활용 가능성을 높이기 위한 관리 체계를 마련했다.

　실태조사 결과는 해마다 변동했다. 재활용, 철거, 누락의 영향 때문이었다. 조사 결과를 바탕으로 빈집은 재활용 대상(R), 안전조치 대상(S), 철거 대상(D) 세 가지 유형으로 등급화하여 관리했다. 이 분류 체계는 빈집 상태에 따라 적절한 대응을 위한 기준으로 활용되었다. 2015년 11월 30일 기준, 총 402채 빈집이 관리되고 있었으며, 이는 2014년 대비 69건(약 20.7%) 증가한 수치였다.

| 2015년 빈집 등급별 분류 현황　　　(단위: 채, %, 2015.11.30. 기준)

구분	합계(채)	R (재활용)	S (안전조치)	D (철거)
전체	402	72(17.9%)	288(71.6%)	42(10.4%)
일반지역	249	63(25.3%)	150(60.2%)	36(14.5%)
정비구역	153	9(5.9%)	138(90.2%)	6(3.9%)

▶ 2015년: 2014년 333건 대비 69건, 20.7% 증가

그중 약 72%가 안전조치 대상이었고, 재활용 가능한 빈집은 18%에 불과했다. 정비구역 내 빈집 중 90% 이상이 안전조치 대상으로 분류될 만큼, 실질적 활용보다는 안전 확보가 절실한 상황이었다.

이처럼 구체적인 실태조사와 등급 분류는 빈집을 효율적으로 관리하고, 지역 특성에 맞는 재활용 전략을 수립하는 데 중요한 기초가 되었다. 우리는 '안전 먼저, 활용은 단계별' 원칙을 세웠다.

4-4 활용 전략 : 리모델링·협약·인센티브

1) 리모델링을 통한 공공용도 전환

구는 매년 일정 예산을 투입해 상태가 양호한 R등급 빈집을 선별하고, 이를 리모델링하여 공공시설로 전환하는 사업을 추진했다. 이렇게 탈바꿈한 공간은 통두레 사랑방, 경로당, 공부방, 사회적 기업 사무실 등으로 활용되며, 주민들에게 실질적인 도움을 주는 거점

역할을 했다. 2016년까지 총 21개 빈집이 이처럼 재활용되었다.

인천시 남구, '빈집 재활용 사업의 사례'

2) 협력 체계와 사업 추진 절차

'소유자와 3년간 무상 임대 협약을 체결하고, 구가 리모델링을 시행하는 방식'으로 추진되었다. 건축과가 사업 총괄을 맡아, 사용 부서·소유자·사용자 간 협력 체계를 구축하였고, 다음과 같은 절차에 따라 진행되었다.

※ 남구 빈집 프로젝트 절차도

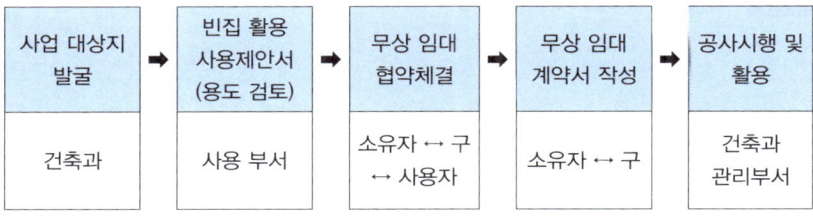

구는 전반적인 조율을 담당하며, 소유자 및 사용자와의 협의를 통해 실질적인 협력이 이루어지도록 지원하였다.

3) 소유자 인센티브와 안전·미관 개선

2013년부터 2016년까지 약 7억 원의 예산이 시·구비로 투입되었다. 리모델링 중심 재활용 사업은 건축과가, 철거 및 안전조치 중심의 정비구역 관리는 도시정비과가 각각 맡아 수행했다. 특히 외관이 훼손된 빈집에는 가림막을 설치해 도시 미관을 개선하고, 보행자 안전도 확보했다. 철거가 불가피한 경우에는 소유자와 협의해 해당 부지를 텃밭, 주차장 등 주민 편의 공간으로 전환했고, 이는 주민들로부터 큰 호응을 얻었다.

또한, (당시 기준) 최대 2천만 원의 리모델링 비용 지원과 재산세 감면 등의 인센티브를 제공해, 소유자의 자발적인 참여를 이끌어냈다. 이러한 경제적 유인책은 민간 협력 기반을 조성하고, 공동체 회복의 동력이 되었다. 오래 방치해 미안했다던 한 소유자는 "이제 골목 사람들에게 창피하지 않다"라고 했다.

4-5 재활용 주요 사례

방치된 빈집을 도색, 도배, 수리 등 리모델링을 통해 지역 사회에 실질적인 혜택을 주는 공간으로 탈바꿈시킨 사례들이 있다. 그

중 대표적인 몇 가지 사례를 소개하면 다음과 같다.

1) 마을주택관리소 '두드림'(주민 밀착형 주택관리 및 생활지원 공간)

2015년 7월, 도화동 골목의 빈집 한 채가 '마을주택관리소 두드림'으로 다시 문을 열었다. 이곳은 재개발이 추진되다 해제되면서 도시 관리의 사각지대가 되었고, 빈집이 슬럼화를 가속시키고 있었다.

> **인터뷰**
>
> 인천 남구 도화동 주민 **이○○**
> "그전에는 여기가 쓰레기 더미였어요. 고양이만 잔뜩 있고…
> 그런데 지금은 깨끗하고 이렇게 신선하고 좋잖아요."

마을주택관리소 두드림, 리모델링 전후 모습 ('YTN 녹색의 꿈' 주민 인터뷰, 2017.09.18.)

빈집 한 채를 리모델링해 만든 '두드림'은 마을의 중심 공간이자 복합 생활지원 거점이 되었다. 이곳은 아파트 관리사무소처럼 운영되며, 도배, 전기, 장판 등 간단한 집수리 서비스를 제공하고, 공구 대여, 택배 보관, 마을 환경 정비 등 생활 밀착형 서비스를 통해 주민 편의를 증진시켰다.

특히 어르신들에게는 봉사활동과 소일거리를 제공해, 노인 일자리와 복지 향상에도 기여했다. 무심히 지나치던 빈집 한 채가, 어느새 마을의 삶을 잇는 거점이 되었다. 이러한 성과는 행정의 결단과 주민의 참여가 함께 만든 작은 기적이었다.

2) '빈집은행 프로젝트'

2016년부터 추진한 '빈집은행 프로젝트'는 구도심의 빈집 문제와 청년 주거난을 동시에 해결하고자 했다. 용현동 일대를 중심으로 활용 가능한 빈집을 발굴해 소유자를 설득하고, 무상 임대를 통해 공간을 확보했다. 민간 기획자와 여러 후원자, 청년 인력들이 초기부터 적극 참여하여 소유자 설득, 후원 유치, 청년 모집 등 핵심 역할을 수행했다.

또한 '빈집 리모델링 전문가 양성 프로그램'을 통해 청년들은 직접 수리에 참여하며 기술을 익혔고, 이는 일자리 창출과 자립 기반 마련으로 이어졌다. 리모델링된 공간은 예술가, 사회 활동가, 청년 창업가들의 거주 공간이자 공유문화 공간으로 활용되었.

일부는 도시 텃밭, 벽화거리, 골목 화단 등으로 조성되어 주민 참여를 유도했고, 지역에 활기가 돌기 시작했다. 벽화와 화단이 생기자 밤길 인사가 늘었고, 빈집 앞에 우편물이 다시 놓였다.

리모델링 전 빈집 실내 →
리모델링 후 실내 모습

벽화와 꽃길
인천투데이 (2017.07.24.)

3) 주민 학습 공간으로 재탄생

숭의동, 주안동, 용현동 등 마을 곳곳의 빈집이 '학습편의점'이라는 이름 하에 평생학습 공간으로 재탄생했다. 생활 밀착형 프로그램인 화초 재배, 요리 강좌, 동화 구연, 전통놀이, 가족 대상 영어회화, 창업 아카데미 등 지역 특성과 수요에 맞춘 강좌들이 활발히 운영되며 주민 참여를 이끌어 냈다. 학습편의점은 세대 간 소통과 공동체 회복의 공간으로 기능하며, '살아 있는 마을 학교'로 자리매김하였다.

숭의동 학습편의점 1호. 리모델링 전 모습

리모델링 후 모습

4-6 버려진 공간, 도시재생의 씨앗

　우리 구의 빈집 재활용 사업은 여러 기관으로부터 높은 평가를 받았다. 2016년 전국 기초단체장 매니페스토 경진대회에서 도시재생 분야 최우수상을 수상했고, '빈집 관리 조례'는 전국 100대 우수조례에 선정되었다. 이외에도 대한민국 실천대상(2015), 서비스대상(2016), 국가건축정책위원회 우수상(2016) 등 다양한 수상 실적은 이 정책의 실효성과 지속 가능성을 입증해 주었다.

　버려진 공간이 동네의 약속 장소가 되는 순간을, 우리는 여러 번 보았다. 그러나 과제도 남아 있다. 민간 소유 빈집은 법적 절차가 복잡하고, 임대 종료 후 원상복구 의무가 커 지속성에 제약이 있다. 사후 정비가 아닌 선제 관리와 실질 활용 중심의 제도 설계가 필요하다. 다행히 최근 전국 각지에서 빈집 문제 해결을 위한 다양한 실험과 제도개선이 시도되고 있다.

　이 흐름 속에서 공직자에게 요구되는 자세는 분명하다. 관행에 머무르지 않고 창의적 아이디어와 정책적 유연성을 발휘하며, 민간과의 협력을 통해 새로운 공동체 자산을 만들어내는 것.

　그것이 바로 오늘날의 적극행정이다.

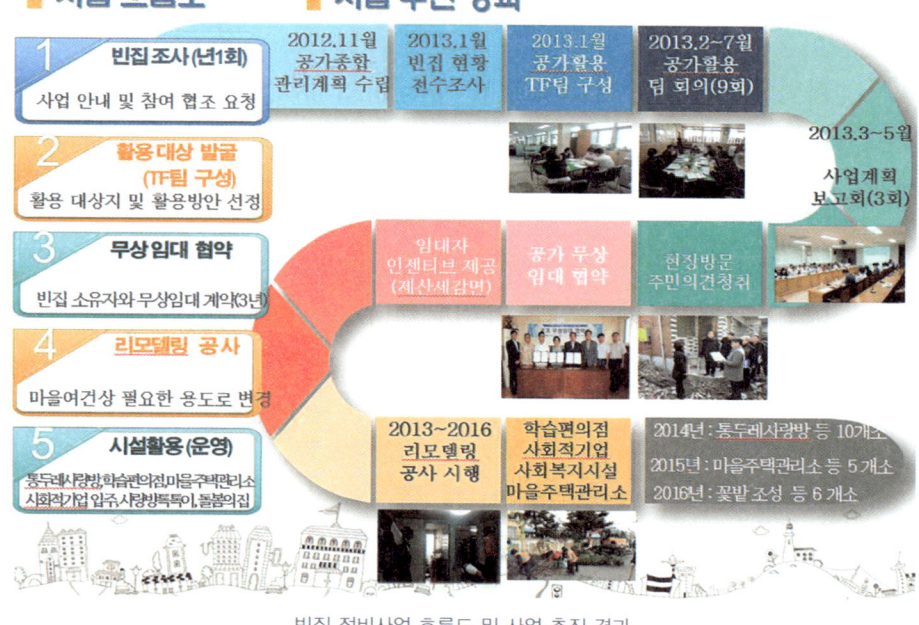

빈집 정비사업 흐름도 및 사업 추진 경과

⑤ 소결: 불합리·불편을 제도개선으로 풀다

　이번 장에서 소개한 제도개선 사례들은, 내가 현장에서 직접 보고 듣고 체감한 주민들의 억울함과 불편함을 가슴에 새기고 이를 해결하기 위해 한 걸음씩 내디딘 진심 어린 노력의 결과이다.

　"20년간 살아온 내 집이 바뀌었다"라는 믿기 어려운 상황을 제도개선으로 바로잡고, 번거롭기만 했던 건축심의 절차를 디지털로 혁신하였으며, 동아리 운영을 통해 안전 문제와 현장의 작은 불편들을 제도개선으로 연결해 냈다. 그리고 방치된 빈집을 마을의 중심 공간으로 되살려낸 이 사업은, 행정을 넘어선 실천의 힘을 보여주는 상징적 성과였다.

　제도개선은 주민의 삶을 더 안전하고 편안하게 만들기 위한 일이며, 공동체의 미래를 함께 설계하는 '삶의 전환'이다. 현장의 목소리에 귀 기울이고, 사소한 문제도 놓치지 않으며, 때로는 설득을 위한 어려움을 감내하는 그 과정 속에 진정한 변화가 자라난다. 이러한 변화는 먼 누군가의 이야기가 아니라, 우리 이웃, 우리 자신의 삶을 위한 것이다.

　결국 적극행정은 사람을 향한 마음에서 시작된다. 나는 그 마음을 '사랑'이라 부르고 싶다. 오늘의 작은 실행이 내일의 제도가 되고, 그 축적된 노력이 더 따뜻하고 살기 좋은 사회를 만들어간다는 것을 나는 믿는다.

> **제3장 Key Point**
>
> 1. 국민의 불편이 보이면, 익숙한 관행부터 의심하자.
> 2. 불합리를 외면하지 않으면, 멈춰 있던 제도가 움직인다.
> 3. 공감으로 다듬은 제도는 딱딱한 행정의 말을 사람의 말로 바꾼다.
> 4. 디지털 전환은 낭비를 줄이고 속도와 신뢰를 높인다.
> 5. 제도는 틀이 아니라 과정이다. 현실에 맞게 계속 다듬자.

제4장

적극행정
실천 사례 ③
– 의미 있는 도전

...

 문제를 외면하지 않고 오늘의 불편을 내일의 기준으로 바꾸려는 작은 실천들이 있었다. 공직 생활에서 유난히 기억에 남는 시간이 바로 그러한 순간들이었다.

 인천 시정 발전을 위한 '아이디어 마켓' 제안은 학생·시민·기업이 함께 참여해 지역 경제 활성화를 도모하려는 시도였다. 차량 내 질식 사고를 막기 위한 나의 제안은 중앙부처의 제도개선 논의로 이어졌고, 장기간 중단되었던 장애인복지관 건립 공사도 새로운 해법을 제시해 다시 추진될 수 있었다.

 '착한 건축과'라는 이름으로 진행한 작은 봉사활동은 지역에 따뜻한 울림을 전하고자 했던 진심 어린 실천이었다. 학교 유휴부지를 활용한 도심 주차난 해소와 지역사회와 학교의 상생 공간 조성도 같은 맥락에서 추진했다.

 '착한 건축과'를 제외하면, 이 장의 사례 대부분은 일상의 불편에서 출발했다. 회피하지 않고 실현 가능한 해법을 찾은 기록이다. 이 장에 담긴 나의 경험들은 지금 이 길을 걷고 있는 공직자들에게도 익숙한 고민일 수 있다.

혁신은 거창한 계획보다 내가 선 자리에서 문제를 직시하고 행동하려는 마음에서 비롯된다고 믿는다. 이 글이 그런 마음을 이어가려는 분들께 공감과 응원이 되길 바란다. 결국 공통분모는 하나. 현장의 불편이 제도·기술·협력으로 변환되는 순간, 행정은 사람의 삶을 지킨다.

① 아이디어 마켓(Idea Market) 제안

1-1 생각 하나로 시작한 변화

 2010년 민선 5기 출범 무렵, 인천시는 막대한 부채와 경기 둔화에 직면했다. 2014년 인천 아시안게임을 앞두고 추진된 경기장 건설과 대형 프로젝트들이 글로벌 금융위기 여파로 차질을 빚었다. 일부 사업이 축소·중단되며 도시 전반의 활력이 떨어졌고, 체감 경기도 악화됐다.

 이 시기 인천시는 전 공직자를 대상으로 시정 발전을 위한 아이디어를 공모했고, 남구(현 미추홀구) 역시 다양한 제안이 쏟아졌다. 최종적으로 2건이 선정되었으며, 그중 하나가 내가 제안한 '아이디어 마켓'이었다.

 사람들은 일상 속에서 '이렇게 바뀌면 좋을 텐데'라는 생각을 하곤 한다. 그러나 실제로 그 아이디어가 구현된 모습을 보면 반가우면서도 '그때 내가 좀 더 신경 써서 제안했더라면…' 하고 아쉬워한다.

 그렇다면 시민들이 생활 속에서 떠올린 아이디어를 체계적으로 수집하고, 실현 가능한 방식으로 연결해 주는 플랫폼이 있다면 어떨까? 나는 일상에서 떠오르는 실용적 아이디어를 메모로 붙잡아 두고, 이를 현실화할 방안을 꾸준히 고민하곤 했다.

특히 유연하고 신선한 사고를 지닌 청소년과 대학생들의 아이디어에 주목했다. 인하대학교, 인하공업전문대학, 인천대학교(2009년 연수구 송도동으로 이전), 그리고 초·중·고등학교가 밀집한 교육도시인 우리 남구의 인적 자원을 기반으로 아이디어 공유와 실현의 장을 구상했다.

우리 구의 주요 정책 키워드인 '학생', '정보화', '사회적 기업', '마을 공동체'에 당시의 오픈 이노베이션과 1인 창업의 흐름을 현실 행정과 연결했다. 핵심은 연결 – 보상 – 사업화다. 이름하여 '아이디어 마켓'이다.

1-2 아이디어 현실화 플랫폼

'아이디어 마켓'은 학생과 시민이 일상 속 불편함을 해결하기 위한 아이디어를 제안하고, 이를 열람한 기업이 상품화할 수 있도록 연결해 주는 온라인 개방형 플랫폼이다. 단순 수집이 아니라 실행 가능성을 중심으로 한 실천형 구조를 지향했다.

이를 위해 교육청과 협력하여 '교육혁신지구' 사업과 연계하는 방안을 검토했다. 초·중·고 학생에게는 방학 과제로 연 2회 '1인

1아이디어 제출'을 유도하고, 제출된 아이디어는 구청 홈페이지 또는 지정 플랫폼에 등록된다. 아이디어는 환경, 주방, 육아, 기후, 생활용품, 자동차, 건설, 산업 등 분야별 카테고리로 분류해 누구나 쉽게 검색하고 열람할 수 있도록 했다.

> **용어 정리**
>
> **교육혁신지구란?**
> 교육청, 기초자치단체, 시민, 학교가 서로 소통하고 협력하는 지역교육공동체 구현을 위하여 인천시 교육청과 기초자치단체가 협약을 통해 지정한 자치구 또는 일부 지역을 말한다.

예컨대 기업은 소액의 열람료를 내고 아이디어에 접근하며, 그 수익은 정당하게 제안자에게 환원되도록 설계했다. 아이디어가 실제로 상품화될 경우, 인센티브 제공이나 공동 지식재산권 등록도 검토 대상이었다.

나아가 한 학생의 생활아이디어가 지역 소기업의 신제품으로 이어지고, 그 수익 일부가 학교 장학금으로 환원되는 선순환 구조를 만드는 것이 목표였다.

특히 상품화 가능성이 높은 아이디어는 별도 심사 과정을 거쳐 기업과의 연계를 주선하고, 실질적인 협업과 거래가 이루어지도록 지원하고자 했다. 더불어 매년 우수 아이디어 3~5건을 선정

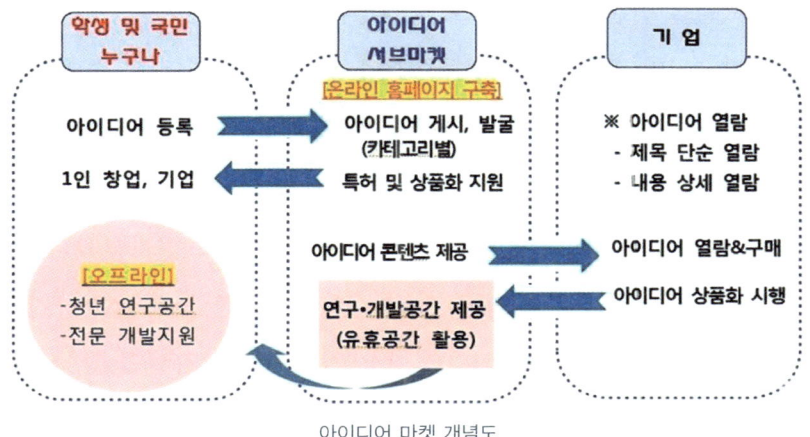

아이디어 마켓 개념도

해 연구비와 개발 공간을 무상 제공함으로써, 학생·청년·시민이 함께하는 개방형 혁신 플랫폼으로 발전시키는 것이 궁극적인 방향이었다.

무엇보다도 '아이디어 마켓'의 핵심 가치는 정당한 보상이다. 아이디어 제공자가 소외되지 않도록 저작권 보호와 보상금 지급 등 공정한 보상 체계를 마련하고, 사업화 가능성이 높은 경우에는 변리사, 변호사 등 법률 전문가와의 연계도 검토했다. 프로세스는 '아이디어 등록 → 기업 매칭 → 지원(연구비·공간) → 사업화 → 지역 선순환'으로 설계했다.

이러한 구상은 남구가 추진한 '청년창업 희망스타트 지원사업'과도 맥을 같이했다. 남구는 2017년부터 제운사거리 일대에 청년 창업 공간을 조성하고, 만 39세 미만 청년 중 창의적 아이디어와 사업모델을 갖춘 팀을 공모로 선정했다. 선정된 팀에는 시설 리모델링비 1천만 원, 임대보증금 1천만 원, 임차료의 50%가 지원되었으며, 경영 컨설팅과 홍보 지원 등 사후 관리도 병행되었다. 사업은 시범 운영을 거쳐 단계적으로 확장되었고, 도심의 유휴공간을 청년 창업거점으로 전환한 대표적 정책 사례로 평가받았다.

정책은 처음부터 완벽할 수 없다. 그러나 기존 청년창업 공간과 지역 플랫폼이 서로 연결된다면, 더 많은 시민이 자신의 상상력을 지역의 일자리로 바꾸는 기회를 얻을 수 있다.

1-3 학생 혁신 사례 : 일상에서 시작된 해결

학생들이 일상 속 불편함을 개선하기 위해 제안한 아이디어들은 실제 상품화 또는 사회적 반향으로 이어지며 그 실효성을 증명해 왔다. 이 아이디어들은 상상력에 그치지 않고, 기술과 환경, 교육 등 다양한 분야에서 현실적인 문제 해결로 연결되었다는 점에서 더욱 의미가 크다. 아래는 대표적인 혁신 아이디어 사례들이다.

1) 한글 모음 입력 키보드 앱 : 중학생의 직관적 발상

경기도 고양시의 한 중학생은 삼성 휴대전화의 '천지인 키보드'의 불편함을 개선한 '천지인 더블 키보드'를 고안해 특허를 출원했다. 초성·중성·종성을 나눠 입력하는 기존 방식에서 벗어나,

모음을 직관적으로 배열함으로써 입력 속도와 정확성을 높인 것이 특징이다.

특히 고령층 사용자들에게 편리하다는 평가를 받았으며, 이후 앱으로 개발되어 2013년 구글 '플레이스토어'에 무료 배포되면서 실용성과 창의성을 동시에 인정받았다. 청소년의 작은 발상이 사회적 편의성과 기술 혁신으로 이어질 수 있음을 보여주는 상징적 사례였다.

2) 커피 찌꺼기와 3D 프린터 : 환경과 기술의 융합

한 고등학생은 커피 전문점에서 매년 폐기되는 커피 찌꺼기에 주목해, 이를 활용한 친환경 3D 프린터용 필라멘트를 제안했다. 자원 순환과 첨단 기술을 결합한 이 아이디어는 실용성뿐 아니라 지속 가능성 측면에서도 높은 평가를 받았다. 이후 시제품 제작으로 이어지며 상용화 가능성도 확인되었다. 기술과 환경이라는 이질적 분야를 융합한, 청소년의 도전 정신이 돋보였다.

연합뉴스, 2013.04.02.

시사위크, 2017.11.30.

3) 폐플라스틱을 활용한 친환경 블록: 초등학생의 실천적 제안

한 초등학생은 폐플라스틱을 재활용해 조립식 블록을 제작하자는 아이디어를 제안했다. 단순한 놀이 도구가 아닌, 환경 보호와 교육 효과를 동시에 노릴 수 있다는 점에서 주목을 받았으며, 관련 환경단체와 기업의 협력 아래 시제품 제작이 이루어졌다. 이후 일부 초등학교에서 교육 교구로 활용되며 학습과 환경 인식이 동시에 자랐다.

이런 성취가 개인의 '반짝' 성과로 흩어지지 않도록, 지역이 '연결 인프라'를 제공하는 것이 바로 아이디어 마켓의 지향점이다. 이처럼 학생들의 창의적 아이디어는 단지 실험에 그치지 않고, 공공과 민간의 협력 속에서 실현 가능성을 키워가며 정책, 교육, 산업의 영역에까지 파급력을 넓혀가고 있다. 이러한 사례들은 '아이디어 마켓' 플랫폼이 왜 필요한지를 뒷받침해 주는 살아 있는 근거이며, 행정이 이들의 잠재력을 연결해 주는 '가교' 역할을 해야 하는 이유이기도 하다.

1-4 지역 혁신의 씨앗 (의의와 파급효과)

'아이디어 마켓'은 한 공직자의 문제의식에서 출발해, 지속 가능한 순환형 정책 모델로 발전할 수 있음을 보여주었다. 단순한 공모전 수준을 넘어서, 제안부터 평가, 보상, 재도전에 이르는 전 과정이 유기적으로 연결된 구조를 갖추고 있어, 창의력이 일회성으로 소모되지 않고 지속적으로 발전할 수 있는 환경을 조성하고자 했다.

이처럼 '아이디어 마켓'은 학생과 시민, 청년 창업가, 기업, 지역사회 등 다양한 주체가 참여 할 때 다음과 같은 긍적적 변화가 일어난다. 학생과 시민은 문제 해결 능력과 창의력을 키울 수 있으며, 청년 창업가는 아이디어 실현을 위한 시제품 개발과 창업 기회를 얻게 된다.

기업은 신제품 개발에 필요한 혁신 아이디어를 확보할 수 있고, 지역사회는 창업과 일자리 창출을 통한 경제 선순환 효과를 기대할 수 있다. 결국, 한 사람의 작은 문제의식에서 시작된 이 제안은 모두가 함께 성장할 수 있는 협력의 토대를 마련한 셈이다.

2

어린이 차량 방치
사고 예방

 2015년 7월, 퇴근길에 여름철 차량 내 질식 사고에 대한 뉴스를 접했다. 평소에도 어린이가 차량에 방치되어 사고로 이어지는 일이 반복되는 현실에 안타까움을 느껴왔기에, 그날따라 마음이 무거웠다. 오랜 시간 구상해 온 아이디어를 정리하여, 곧바로 국민신문고 '공무원 제안'에 제출했다.

 내 제안은 자동차 및 정보통신기술(ICT) 관련 부처의 주목을 받았고, 이후 2년에 걸쳐 총 18차례의 심층 검토가 이루어졌다. 담당 부처 공무원은 "정말 좋은 제안인데, 아직 결실을 맺지 못한 점이 안타깝다"라는 말을 전해오기도 했다. 제안이 당장 정책으로 이어지지는 않았지만, 최소한 문제의 시급성과 타당성에 대한 인식은 확산될 수 있었다.

 이후 다른 지자체·기관이 유사한 아이디어를 현실화했다. 2018년 광양시는 KT와 협업해 어린이 통학차량 갇힘 사고 예방 시스템 '띵동-카'를 개발·운영하기 시작했다. 통학차량에 단말기와 비상벨을 설치해 사고를 방지하는 이 시스템은 '제3회 적극행정 경진대회'에서 대통령 표창을 받았다. 직접 추진하지는 못했지만, 내가 품었던 문제의식이 사회적 공감대로 이어지고, 실제 정책과 제도로 구체화되는 과정을 확인할 수 있었다.

2-1 사고 심각성과 제도 한계

밀폐된 차량 내부는 짧은 시간 안에 고온 상태로 바뀌며, 이는 특히 어린이나 반려동물에게 치명적인 위험을 초래한다. 한국소비자원의 2001년 조사에 따르면, 여름철 차량 내부 온도는 계기판 기준 최대 92℃까지 상승한 것으로 나타났다.

관련 자료를 찾아보았으나 당시 국내에는 어린이 차량 내 질식 사고에 대한 공식 통계를 발견할 수 없었다. 반면, 미국은 관련 대응 체계를 보다 체계적으로 구축하고 있었다. 시민단체 'Kids and Cars'에 따르면, 1990년부터 2010년까지 20년간 차량 방치로 인한 어린이 질식 사고는 총 605건에 달했다. 지역별 사망자 수는 다음과 같다.

| 미국(1990~2010) 차량 방치 아동 사망 현황(발췌)

구분	질식 사고 사망자 수
텍사스	83명
플로리다	60명
캘리포니아	51명

버지니아, 메릴랜드, 워싱턴 D.C.	37명
애리조나	28명
노스캐롤라이나	25명
...	...
합계	605명

미주 한국일보 보도, 2011.08.16.

특히 미국은 7세 미만 아동을 차량에 방치할 경우 법적으로 처벌할 수 있는 강력한 규제를 시행하고 있었고, 사고 통계도 체계적으로 수집·분석되고 있었다. 그럼에도 연평균 30명 안팎의 아이가 목숨을 잃는다. 이는 단순한 부주의를 넘어 국가 차원의 기술·제도 대응이 필요하다는 뜻이다. 국내도 통계와 예방 표준을 갖춰야 한다.

2-2 국내 차량 질식 사례

국내에서도 차량 내 방치로 인한 질식 사고는 꾸준히 발생해 왔다. 언론 보도를 통해 확인된 사례들을 보면, 2005년 경기 안산과 경북 칠곡에서 어린이가 차량에 방치되어 질식하는 사고가 있었다. 2011년에는 경남 함양에서 어린이집 통학버스에 남겨진 어린이가 목숨을 잃는 안타까운 일이 발생했다.

이외에도 2012년 경기 수원에서는 4세 여아가 차량 내 산소 결핍으로 사망했으며, 같은 해 안양에서는 연구용 햄스터 5마리가 질식하는 사건이 있었다. 2013년에는 경남 창원에서 히터가 켜진 차량 안에서 성인 남성이 숨졌다. 또 차량 내 고온 환경으로 인해 반려동물인 토끼가 사망한 사례도 있었다.

차량 내 질식 사고는 주로 여름철에 집중되지만, 계절에 무관하게 언제든 발생할 수 있으며 생명을 위협하는 심각한 문제다. 특히 피해자의 다수가 어린이, 반려동물 등 스스로 위험을 인지하거나 대처하기 어려운 존재라는 점에서, 이런 사고는 개인의 실수로만 돌릴 수 있는 문제가 아니라 사회 전체가 함께 예방해야 할 공공의 과제로 봐야 한다.

따라서 차량 내 방치 사고를 줄이기 위해서는 국민의 경각심을 높이는 동시에, 제도적 보완과 기술적 대응이 병행되어야 한다. 이를 위해 국가와 지자체의 보다 적극적인 관심과 노력이 요구된다.

2-3 ICT 기반 예방 기술 제안

박근혜 정부 시절 추진된 '아이디어+ICT' 기반의 창조경제 전략은 차량 내 어린이 질식 사고 예방 분야에도 효과적으로 적용될 수 있는 방향성을 제시했다. 무엇보다 사고를 근본적으로 줄이기 위해서는 기술 기반의 실용적 시스템 개발과 함께, 정부의 적극적인 정책 지원, 그리고 자동차 제조사의 협력이 반드시 수반되어야 한다.

내가 국민신문고 제안 코너에 제출했던 아이디어는 다음과 같은 세 가지 핵심 기술을 중심으로 구성되었다. 이는 각각 실질적인 사고 예방 효과와 구현 가능성을 동시에 갖추고 있는 내용이었다.

1) 차량 내부 온도 감지 및 자동 알림 시스템

차량 내부의 온도를 실시간으로 측정하여 일정 수준(예: 30℃ 이상)으로 상승할 경우 운전자의 스마트폰으로 경고 메시지를 전송하는 방식이다. 예컨대, "현재 차량 내부 온도 50℃입니다. 어린이나 반려동물이 있는지 확인하세요"와 같은 경고 메시지가 반복 전송되도록 구성했다. 이 기술은 질식 사고의 직접적 원인인 고온 환경에 선제적으로 대응할 수 있어, 가장 우선적으로 도입해야 할 핵심 시스템이었다.

2) 탑승 감지 센서 및 자동 알림 시스템

차량 내에서 움직임을 감지하는 센서를 활용해 운전자가 하차한 이후에도 차량 안에 사람이 남아 있는지를 자동으로 인식하고, 알림을 통해 이를 알려주는 기술이다. 특히 어린이, 노약자, 반려동물 등 스스로 위험에 대처하기 어려운 존재들의 방치를 방지하는 데 효과적이며, 무의식적인 실수를 예방하는 데 유용하다.

3) 어린이 탑승 인식 시스템 도입

운전자가 차량 출발 전에 어린이의 탑승 여부를 직접 버튼으로 입력하고, 시동을 끄는 순간 "차량 내 어린이가 있습니다"라는 음성 안내를 제공하도록 하는 방식이다. 이 시스템은 기술적 감지보다는 운전자의 능동적 확인을 유도하는 수단으로서, 다른 시스템과 병행될 경우 예방 효과를 더욱 높일 수 있다.

이 시스템들은 단독으로도 의미가 있지만, 시동·도어록·통신망과 연동된 '알림 → 확인 → 구조 요청'의 자동 흐름이 갖춰질 때 비로소 생명을 구할 수 있다. 이처럼 기술 기반 다중 안전망을 구축함으로써 차량 내 방치 사고를 보다 효과적으로 방지할 수 있으며, 이는 공공의 안전을 위한 '적극행정'의 사례가 될 수 있다.

정책 제안이 현실화되기까지는 많은 시간이 걸릴 수 있지만, 실효성 있는 아이디어와 이를 뒷받침할 제도적·기술적 기반이 갖춰진다면, 누구든 공직자로서 국민의 안전을 위한 실천적 해답을 만들어낼 수 있다는 믿음을 확인하는 계기가 되었다. 방치 예방 기능을 조달기준·통학차량 요건에 단계적으로 의무화할 필요가 있다. 한 생명을 지키는 일이면, 그 자체로 비용 이상의 가치가 있다.

2-4 현장에서 얻은 교훈

작은 장치가 한 생명을 살릴 수 있다면, 그것만으로 정책의 이유는 충분하다. 차량 내 질식 사고 방지를 위한 아이디어를 제안하던 당시는 이런 기술이 아직 일상화되기 전이었다. 차량 내부 온도 감지나 탑승자 자동 인식 같은 개념도 생소했고, 사회적 공감대 역시 높지 않았다. 그럼에도 이 제안은 창의적이고 선도적인 접근으로 평가받을 수 있었다.

이후 '띵동-카' 시스템 등과 같이 유사한 기능들이 실제로 적용되면서, 현장의 작은 발상도 정책과 기술로 이어질 수 있다는 확신을 얻었다. 기술은 빠르게 발전했고, 이제는 이러한 기능들이 실제 차량에 점점 더 많이 적용되는 사례가 늘어나고 있다.

이 흐름을 통해 나는 '공직자는 일상 속 사소한 문제라도 예민하게 감지하고, 결코 지나쳐서는 안 된다'는 사실을 깨달았다. 현장을 세심히 보고, 작게라도 움직이는 것, 그게 행정의 시작이다. 단순한 아이디어 하나라도 기술과 정책이 결합하면, 사회 전체를 더 안전하게 만들 수 있다.

물론 내 아이디어가 즉시 제도화되거나 상용화된 것은 아니었다. 하지만 시간이 흐르며 유사한 기능들이 현실 속에서 구현되는 과정을 지켜보며, 작은 제안이 변화를 시작한다는 믿음이 틀리지 않았음을 확인했다.

공무원은 국민의 생명과 안전을 지키는 최전선에 있다. 그렇기에 우리가 올리는 하나의 제안, 하나의 보고서, 한 번의 회의 발언이 생각보다 훨씬 큰 사회적 가치를 만들어낼 수 있다. 이 경험을 통해 나는, 공직자는 공공의 문제를 창의적으로 해결하는 주체가 되어야 함을 다시금 실감했다.

작은 제안이 큰 변화를 만든다는 믿음은 여전히 유효하다. 공직자 여러분, 일상에서 먼저 위험을 감지하고, 작게라도 시작해 달라. 그 시작이 누군가의 하루를 지킨다. 결국 적극행정은 사람을 향한 책임에서 출발한다.

3 장애인복지관 공사 중단 사태 해결

3-1 뜻밖의 발령과 공사 중단

2002년 하반기, 인천시 기술직 공무원 간의 군·구 인사 교류가 예정되어 있었다. 당시 동구에서 근무 중이던 나는 거주지인 계양구를 희망했지만, 예기치 않게 부평구 사회복지과로 발령을 받았다. 건축직 공무원이 건축과가 아닌 사회복지과에 배치된다는 사실에 당황스럽고 억울했다. 더구나 나와 일면식도 없는 사회복지팀장이 직접 나를 지목했다는 점은 더욱 의아했다.

그러나 팀장은 "정말 미안하다"라며 조심스럽게 말문을 열었다. 나를 꼭 필요로 해서 인사부서에 직접 요청했다는 것이다. 그렇게까지 요청할 수밖에 없었던 배경에는 나름의 고민이 있었다.

당시 부평구 일신동에 '장애인종합복지관 신축공사'가 진행 중이었으나, 지반 문제에 대한 설계변경을 둘러싼 갈등으로 5개월간 공사가 중단된 상태였다. 봄철 집중호우와 지하수 용출로 현장은 진흙탕이 되었고, 중장비의 진입조차 어려운 상황이었다. 시공사는 공사를 재개하려면 토질 개량을 위한 약 1억 5천만 원 규모의 설계변경이 필요하다고 요구했으나, 구청은 총액입찰 방식이라는 이유로 추가 비용 지급을 거부했다.

뜻밖의 사회복지과 발령은 처음에는 낙담스러웠지만, 나중에 돌이켜보니 그것이 문제 해결의 계기가 되었다. 공사 중단이라는 난제 앞에서 회피하지 않고 돌파구를 찾기로 했다.

용어 정리

총액입찰이란?
· 설계도서 기반으로 공사 전체 비용을 산정해 총액만을 제출하는 계약 방식
· 공사비 예측이 가능한 장점 있으나, 설계변경 및 추가 공사 시 분쟁 발생 가능성

3-2 현실적 해법 찾기

결론부터 말하면, 핵심은 '총액입찰'의 경직된 운용과 설계변경을 회피하는 관행이었다. 지반 악화는 시공사의 과실이라기보다 예측이 어려운 자연조건에 가까웠고, 실제로 「공사계약일반조건」에도 이런 경우 설계변경을 허용한다. 그러나 당시에는 설계변경으로 인한 증액이 감사 지적의 단골이었고, 그 부담을 피하려다 보니 책임을 시공사에 전가하는 관행이 굳어져 있었다.

나는 관행을 따르지 않기로 했다. 현장을 다시 보고, 시공업계

선배의 조언을 더해 해법을 설계했다. 첫째, 장비 진입로는 '뗏목 공법'으로 확보하고, 둘째, 진입부부터 말뚝 두부를 단계적으로 정리했으며, 셋째, 배수로를 설치해 지하수위를 낮췄다. 마침 가을철로 강수량이 줄어든 계절적 여건도 토질 회복을 도왔다.

결과는 분명했다. 약 5천만 원으로 공사를 재개했다. 시공사가 요구한 1억 5천만 원의 3분의 1 수준이었다. 비용과 갈등을 함께 낮춘, 현실적이면서도 창의적인 해법이었다.

① 말뚝 항타 전경

② 말뚝 두부 정리

③ 철근 노출과 기초 형성

3-3 보이지 않는 자리의 노력 (교훈 : '공직에 한직은 없다')

현장은 안정적으로 정비되었고, 장기간 멈춰 있던 공사는 기초공사부터 다시 올라가기 시작했다. 진입로 확보·배수·두부 정리 순으로 위험요인을 줄였고, 품질과 안전 점검을 병행하며 마침내 공정을 정상화했다. 갈등은 비용과 함께 낮아졌고, 복지관 건립은 다시 '가능한 일'이 되었다.

완공이 가까워지자 사회복지과장이 조용히 건넨 말이 지금도 기억에 남는다.

"건축직이 이 자리 오면 대개 '한직'이라며 금방 떠났는데, 이렇게 어려운 현안을 끝까지 풀어준 직원은 처음이네."

그 말 한마디가 큰 힘이 되었다. 덕분에 '모범공무원'이라는 평판과 유럽 연수 기회도 얻었지만, 더 큰 보상은 보이지 않는 자리에서 묵묵히 문제를 해결하려 한 마음가짐이 인정받았다는 사실이었다.

"공직에 한직은 없다"라는 말은 과장이 아니다. 중요한 것은 '어디에서'가 아니라 '어떻게' 일하느냐다. 눈에 잘 띄지 않는 자리라도 문제를 직시하고 현장에서 답을 찾으면, 그 일이 곧 주민의 안전과 권익으로 이어진다. 감사 지적을 피하려는 관성보다, 근거를 갖춘 결정과 투명한 절차를 택할 때 행정은 신뢰를 얻는다. 작은 결단이 더 큰 비용과 갈등을 막는다.

이 경험은 이후의 업무에도 기준이 되었다. 현장과 제도를 성실하게 연결하고, 판단의 근거를 남기며, 끝까지 책임지는 것. 그렇게 하면 어떤 자리에서도 성과는 난다. 공무원의 성과는 헤드라인이 아니라 생활의 회복에서 확인된다.

개관 당일, 우천. 현관 캐노피 아래에 모자(母子)가 잠시 머물렀다. 보호자의 한마디.

"비 맞지 않고 운동할 수 있겠네요."

그 말로 충분했다. 공사는 기능을 회복했고, 남은 것은 운영의 성실함뿐이었다. 행정의 단위는 시설이 아니라 사람 한 명이다.

4

착한 건축과 :
작은 실천의 온기

4-1 동전에서 시작된 연대

여러분은 주머니 속을 떠도는 동전들을 어떻게 활용하시나요?

어느 날 문득, 흩어진 그 작은 동전들이 누군가에게 따뜻한 위로가 될 수 있지 않을까 하는 생각이 들었다. 사무실 서랍, 차 안, 집 구석구석에서 발견되는 100원짜리 하나하나가 모이면, 결코 작지 않은 희망이 될 수 있다는 믿음이 생겼다.

이 마음을 팀장들과 나누자 공감대가 형성되었고, 2015년 우리 건축과에서는 '착한 남구·아름다운 봉사, 1·100·1,000,000(일·백·백만)' 캠페인을 시작했다. 단순한 기금 모금을 넘어, 전 직원이 함께 참여하는 작지만 따뜻한 연대의 행정이었다. 사무실 모금함에 100원을 넣으면 복(福)이 돌고, 밥이 나오고, 웃음까지 피어났다. 어쩌면 이것은 대한민국에서 가장 가성비 좋은 자판기였을지도 모른다.

하지만 우리의 목표는 모금이 아니라, '찾아가는 위로'였다. 첫 방문 날, 손이 굳은 할머니의 미소가 우리 모두의 주머니를 더 가볍게, 그리고 마음을 더 따뜻하게 만들었다.

운영 방식은 단순했다. 직원 30명이 하루 100원씩 모아 1년 동안 100만 원을 마련하는 것을 목표로 시작했고, 이 캠페인은 조용하지만 꾸준히 이어졌다. 분기마다 복지 사각지대의 어르신 한 분을 직접 찾아뵙고, 함께 마음을 나누는 시간이었다.

4-2 짧은 만남, 오래 남은 온기

방문은 단순한 후원이 아닌, 진심을 전하는 만남이었다. 집안 청소, 설거지, 간단한 수리까지 손발을 걷어붙여 도왔고, 쌀 20kg과 밑반찬, 성금 20만 원을 함께 전달했다. 짧은 대화였지만 마음이 오갔고, 오히려 우리 모두가 더 큰 위로를 안고 돌아오곤 했다.

거동이 불편한 60대 어르신, 삶의 의욕을 잃은 80대 어르신들께 우리가 드린 것은 단순한 물질이 아니라, "당신은 혼자가 아닙니다. 누군가 당신을 기억하고 있습니다"라는 따뜻한 메시지였다.

미디어인천신문, 2015.07.29.

오늘뉴스, 2016.06.15.

이 운동은 안타깝게도 현금 사용이 급감하고 동전 모금이 어려워진 데다 인사 이동까지 잦아지면서 지속이 어려웠다. 그럼에도 1년 6개월 동안 분기별 방문으로 총 6가구를 찾았고, 쌀 20kg·밑반찬·성금(가구당 20만 원)과 주거정리·경미수리를 지원했다.

그렇게 우리의 작은 동전들은 누군가에게 따뜻한 밥 한 끼가 되었다. 기억은 시간이 지나면 흐려질 수 있지만, 그날의 손길과 눈빛, 그리고 마음은 여전히 우리 안에 남아 있다. 비록 짧은 시간이었지만, 그날의 경험은 분명 '사람을 향한 따뜻한 행정'이 무엇인지 보여준 순간이었다. 그리고 그 기억이 앞으로의 행정을 더 사람답고 따뜻하게 만드는 밑거름이 될 것이다. 작은 동전이 사람의 존엄을 지켰다. 이것이 우리가 지향하는 적극행정의 또 다른 모습이다.

5 학교 유휴부지 활용 제안 : 지역과의 상생

5-1 도심 주차난의 배경과 해결 방향

2009년 정부는 1~2인 가구의 주거 안정을 위해 '도시형생활주택' 제도를 도입하며, 「주택법」상 주차장 및 부대시설 설치 기준을 대폭 완화했다. 주택 보급 확대에는 기여했지만, 시간이 지나면서 그 부작용이 본격화되었다. 특히 상업지역의 노후 단독주택이 대거 철거되고, 그 자리에 도시형생활주택과 오피스텔 등 집합건축물이 밀집하면서 도심의 주차난이 급격히 심화되었다.

이로 인해 주차장 설치 기준 완화에 따른 민원이 건축 인허가 단계부터 폭증하기 시작했다. 불법 주정차와 주차 분쟁이 일상화되었고, 단속이나 행정처분만으로는 문제를 해결하기 어려웠다. 도심 주차 문제의 핵심 원인이 건축 인허가 구조에 있었다는 점에서, 당시 건축과는 제도적·공간적 측면에서의 근본 대책 마련의 필요성을 절실히 인식하게 되었다.

이 문제는 특정 지역에 국한된 현상이 아니라, 수도권 대부분 지자체가 공통적으로 겪던 구조적 난제였다. 그러나 건축 인허가는 「건축법」상 '기속행위(羈束行爲)'로 분류되어, 법령이 정한 요건을 충족하면 행정기관이 허가를 거부할 수 없다. 다시 말해, 현행 제도 아래에서는 지자체의 재량만으로는 주차난을 근본적으로 해소하기 어려운 제도적 한계가 존재했다.

이러한 제약을 넘어서기 위해, 2018년 새로 취임한 구청장은 학교·교회·공공건물 등 유휴 공간을 주민과 공유하는 '주차장 개방' 정책을 주요 공약으로 내세우며 실질적인 해법을 주문했다. 이에 따라 건축과는 단순한 공영주차장 신설을 넘어, 학교 운동장 지하에 공영주차장을 설치하고 지상에는 지역 주민을 위한 생활SOC 복합시설을 조성하는 방안을 제안했다.

이 모델은 도심 주차난 해소와 주민 생활 인프라 확충을 동시에 달성할 수 있는 공간 기반의 실질적 대안이었다. 특히 토지 매입 없이 학교 부지를 활용함으로써 재정 효율성과 지속 가능성을 모두 확보할 수 있었다. 나아가 이러한 접근은 도심 지역의 주차난 완화와 생활SOC 확충이라는 국가 정책 기조와도 맞물리며, 다양한 경로를 통한 정부 건의와 정책 제안으로까지 확장되었다. 이러한 제안은 곧 구도심 내 학교 부지를 중심으로 한 구체적 비용·안전·운영 검토로 이어졌고, 새로운 유형의 복합개발 모델로 발전해 갔다. 이제 과제는, 토지 매입 없이 실질적으로 주차면을 늘리고 생활SOC를 동시에 확보할 수 있는 실행 방식을 찾는 일이었다.

5-2 학교 운동장, 주차난 해소와 생활SOC의 거점으로

구도심의 주차난은 여전히 심각하다. 이러한 배경에서 '단독 공영주차장 신축' 중심의 기존 해법은 토지·비용 제약으로 한계가 분명했다. 지자체는 공영주차장 건립을 통해 문제를 풀고자 했지만, 막대한 예산 부담과 부지 확보의 어려움에 번번이 막혔다. 예컨대 2018년 당시 인천 미추홀구에서 공영주차장 1면 조성 비용은 약 1억 원이었고, 1면당 약 30㎡(진입로·차로 포함)가 필요했다. 즉, 기존 방식만으로는 재정과 공간 제약을 동시에 뚫기 어려웠다.

| 미추홀구 공영주차장 조성 비용(2017~2018)

구 분	대지면적	연면적	주차면수	사업비	사업비/1면	발주연도
주안동 일원	1,029㎡	3,740㎡	110	약 116억 원	약 1억 500만 원/면	2018년 06월
관교동 일원	810㎡	2,200㎡	89	약 80억 원	약 8,900만 원/면	2017년 12월

자료: 2017~2018년 미추홀구 공영주차장 조성 사례 (주차 1면당 약 1억 원 수준)

주차 1면당 내역별 소요 비용 (예시)

구분	내용	금액(원/㎡)	비고
공사 사업비용	건축공사비 (건축, 토목, 기계, 소방 등)	1,056,946원/㎡	·건축 공사비: 공공 건축물 유형별 공사비 분석자료 기초
	설계비 (대가 요율 방식 적용)	75,106원/㎡	·건축 공사비: 공공 건축물 유형별 공사비 분석자료 기초
	감리비 (건축, 전기, 소방, 통신 등)	37,031원/㎡	·건축 공사비: 공공 건축물 유형별 공사비 분석자료 기초
	시설부대비 (100억까지) 0.25%	3,548원/㎡	·건축 공사비: 공공 건축물 유형별 공사비 분석자료 기초
	토지매입비	약 2,000,000원/㎡	·건축 공사비: 공공 건축물 유형별 공사비 분석자료 기초
총계		약 3,360,000원/㎡	간접비 등 포함
주차장	1면당 필요 설치 면적	약 30㎡	진입로·차로 등 기타 면적 포함
	조성 비용	1면당 약 1억 원	

▶ 총계: 약 3,360,000원/㎡

→ 주차 1면(약 30㎡) 기준 약 1억 800만 원(편의상 '약 1억 원'으로 표기)

땅을 넓힐 수 없다면, 같은 땅을 두 번 쓰자. 해법은 학교 운동장의 유휴 공간을 활용한 복합개발 모델이었다. 이 방식은 주차 1면당 약 5,000만 원 수준으로 조성이 가능해, 기존 방식 대비 절반 이상의 예산 절감 효과가 기대되었다.

단순 비용 절감만으로 판단하지는 않았다. 학부모·교육청의 정당한 안전 우려를 회피하지 않고, 기획 초기부터 동선 분리·시간대 분리·출입 통제를 설계 원칙으로 두었다. 단순 주차장 설치에 그치는 것이 아니라, 체육관·도서관·문화센터 등 지역 주민과 함께 활용할 수 있는 복합문화시설을 함께 조성하고, 시간대별 공간 활용을 구분하여 학생과 주민 모두 안전하게 이용할 수 있도록 고려했다.

결과적으로 이 모델은 도심 주차난과 생활SOC(생활밀착형 사회기반시설) 부족이라는 두 과제를 동시에 해결할 수 있는 실질적 대안임을 확인할 수 있었다.

군·구 공감대 형성 → (교육청 ↔ 지자체) 협의 → 생활SOC 공모 → 사업 추진

(문제점) 교육청·학부모·주민 동의를 얻지 못해
사업 추진에 난항을 겪었다.
전국 다수 교육청이 소극적(반대) 입장을 보여
국가 차원의 정책 확정·추진이 필요했다.

5-3 복합화의 전략적 가치

앞 절에서 본 비용·부지 제약을 넘어, 학교 운동장 복합개발은 '주차+생활SOC+안전'이라는 세 축을 한 번에 풀어내는 실행형 대안이다. 토지 매입 없이 도심 주차난을 해소하고, 공공시설 활용도를 높이며, 재정 효율성까지 확보할 수 있다는 점에서 정책적 효과가 크다. 주요 장점은 다음과 같다.

1) 학교와 지역사회의 상생 플랫폼

복합시설에는 실내체육관, 수영장, 도서관, 평생교육센터, 육아지원센터 등 다양한 생활 인프라가 포함된다. 이 시설들은 학생들의 교육활동뿐만 아니라 학부모와 지역 주민의 문화·복지 수요까지 아우른다. 시간대별 이용 구분을 통해 낮에는 학생 교육에, 저녁에는 주민 활동에 맞춰 운영할 수 있어, 공간 활용의 효율성과 공공성 모두를 확보할 수 있다.

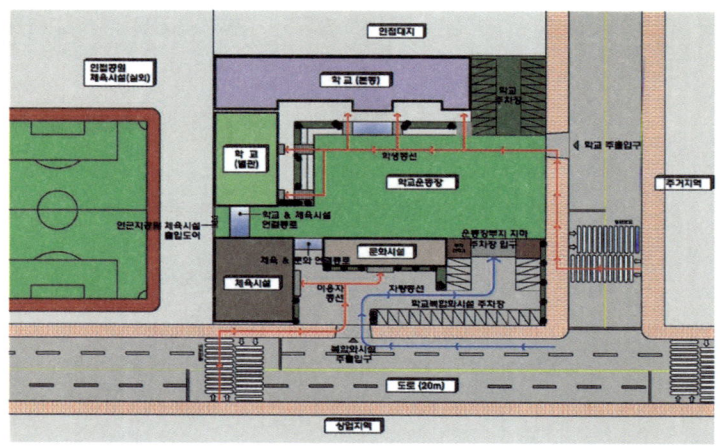

2) 주차난 해소와 안전한 교육환경 조성

학교 운동장 지하에 주차장을 조성하면 도심의 고질적인 주차난과 학교 주변 불법 주정차 문제를 동시에 완화할 수 있다. 교직원 차량과 지역 차량의 동선을 분리해 차량과 보행자의 충돌 위험을 줄이고, 학생 통학 안전성도 높일 수 있다. 운동장 정비를 통해 학교 공간이 보다 쾌적하고 안전하게 개선되며, 인근 지역의 도시환경 또한 정돈되는 효과를 기대할 수 있다.

3) 예산 절감과 재정의 선순환 구조

기존 방식으로는 주차장 1면당 약 1억 원이 소요되지만, 학교 부지를 활용할 경우 약 5,000만 원 수준으로 가능하다. 절감된 예산은 교육·복지 등 공공사업에 재투자되어, 재원의 효율적 활용 가치를 높인다. 또한, 주차장 운영 수익은 시설 유지관리비나 학교 발전기금으로 연계가 가능하여, 일회성 사업이 아닌 지속 가능한 재정 운용 모델로 이어진다.

5-4 국내외 사례와 실효성 검토

학교 유휴부지를 활용한 복합개발은 공간 활용뿐 아니라, 지역 문제 해결의 창의적 대안으로 주목받고 있다. 이에 미추홀구 관내 학교를 대상으로 예비 검토를 진행하고, 서울 및 일본의 선행 사례를 조사해 사업 실효성과 추진 가능성을 다각도로 분석했다. 그 결과, 학교 부지를 활용한 복합개발은 재정적 효율성과 공공성 확보 측면에서 충분한 효과를 기대할 수 있는 실현 가능한 정책 대안임이 확인되었다.

1) 미추홀구 중·고교 부지를 활용한 복합개발 검토

우리 구 관내의 A중학교와 B고등학교는 각각 역세권과 상업지 인근에 위치해 있어, 상습적인 주차난으로 주민 불편이 컸던 지역이다. 두 학교 운동장 부지를 활용해, 지하 공영주차장, 지상 실내체육관·도서관·육아지원센터·체험학습실 등 복합시설을 조성하는 방안을 내부적으로 검토했다.

검토 결과, 기존 부지를 활용함으로써 토지 매입 비용 없이 주차장 조성 예산을 절반 이상 절감할 수 있었다. 특히 지하주차장은 인근 지역의 주차 수요 해소에 기여하고, 지상의 공공시설은 학교의 교육환경 개선과 지역 복지 증진에 긍정적인 효과를 줄 수 있어 공간 활용의 효율성이 매우 높았다.

❙ 미추홀구 중·고교 부지 활용 복합개발 검토 결과

대상지	A중학교	B고등학교
대지 위치	제물포역세권	인하대 문화의 거리 주변
운동장 부지면적	8,400㎡	6,200㎡
사업대지 (운동장 부지의 약 80%)	6,741㎡	4,793㎡

주차장 연면적 (지하 2층 조성)	13,518㎡	9,634㎡
대지 정형화를 위해 인근 토지 약 45㎡ 추가 매입	(토지비+건물비) 약 5억 원	–
공사비용	231억 300만 원	161억 5,600만 원
주차 면수	498면	351면
주차장 조성비용(1면당)	약 4,700만 원	약 4,600만 원
예산 절감액(1면당)	약 5,300만 원	약 5,400만 원

▶ 예산 절감 효과 : 주차 1면당 5,000만 원 이상

2) 서울 금호초등학교 학교시설 복합개발

서울 금호초등학교는 대표적인 복합개발 성공 사례로 널리 알려져 있다. 이 학교는 수영장, 체육관, 유아 돌봄실(유아방), 헬스장, 에어로빅실 등 다양한 시설을 학교 부지 내에 조성해 학생과 지역 주민이 함께 이용할 수 있는 열린 공간으로 탈바꿈했다. 2001년 개관 이후 학교 자원의 효율적 활용과 공공서비스 확대를 동시에 달성한 모범 사례로 자리 잡았다.

이 사업은 성동교육지원청, 서울시, 성동구가 협력해 추진했으며, 연면적은 약 11,000㎡(약 3,300평)에 달한다. 성동교육지원청은 학교 부지를 무상 제공하고 약 110억 원을, 서울시와 성동구는 약 116억 원을 각각 분담했다. 이를 통해 토지 매입비 약 60억 원을 절감했고, 편의시설도 무료로 이용할 수 있어 주민들의 재정 부담도 줄일 수 있었다. 이 복합시설에는 공영주차장 164면도 포함되어 있으며, 하루 평균 1,000명 이상의 주민이 이용하고 있다.

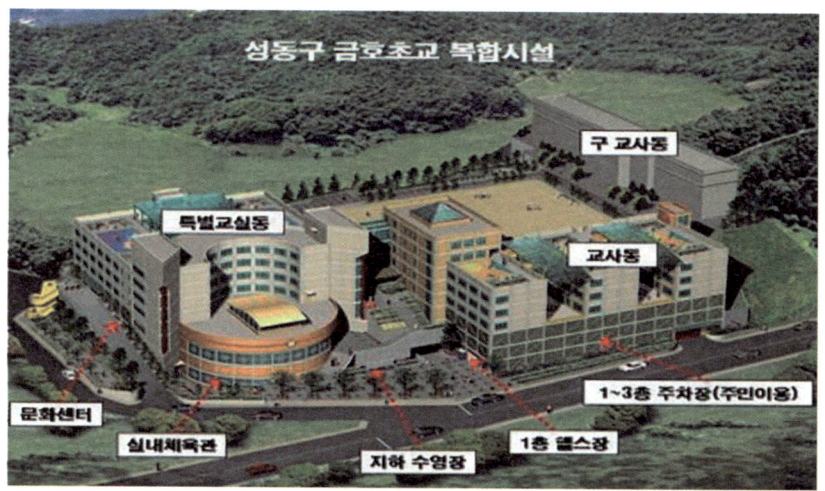

서울 금호초교 복합시설(머니투데이, 2019.06.17.)

3) 해외 사례: 일본, 미나미초등학교 학교시설 복합개발 모델

일본 역시 학교 유휴부지를 활용한 복합개발을 통해 지역사회와 학교가 함께 성장하는 사례를 선보이고 있다.

대표적으로 사이타마현 요시카와시에 위치한 미나미초등학교는 유아부터 노인까지 아우르는 다양한 주민 편의시설을 갖춘 복합 공간으로 2013년 개교했다. 이 학교는 유아지원센터와 아동지원센터를 통해 질 높은 보육과 교육을 제공하고 있으며, 어르신을 위한 레크리에이션 프로그램도 활발히 운영하고 있다. 이러한 복합시설 운영은 세대 간 소통을 증진하고 지역 공동체 활성화에도 크게 기여하고 있다.

미나미초등학교 사례는 학교 공간을 지역사회와 공유함으로써 높은 주민 만족도를 이끌어 냈고, 복합개발 사업의 지속 가능성과 사회적 파급력을 국제적으로 입증한 사례로 평가받고 있다.

5-5 (정부 제안) 학교 유휴부지 활용 및 생활SOC 확산 전략

학교 유휴부지를 활용해 지하에는 공영주차장, 지상에는 생활SOC 복합시설을 조성하는 모델은 도시 문제와 교육·복지 과제를 통합적으로 해결할 수 있는 정책 사례로 자리매김했다. 구도심의 고질적인 주차난을 해소하고 주민 생활 인프라를 확충할 수 있으며, 신규 부지를 매입하지 않고 기존 학교 부지를 활용함으로써 예산도 절감할 수 있다.

특히 지하주차장을 통해 차량 동선을 분리함으로써 학생 통학 안전을 확보하고, 보행 환경도 크게 개선된다. 지상 복합시설은 학교 수업이 끝난 이후 지역 주민이 자유롭게 이용할 수 있는 열린 공간으로 활용되며, 학교와 지역사회 모두에게 실질적인 혜택을 제공한다.

이에 따라 본 사업을 국가 시범사업으로 지정해 안전성과 효과성을 검증한 뒤, 성공 사례를 바탕으로 전국적으로 확대 시행할 것을 제안했다.

1) 단계별 추진 방안

> ▶ 1단계(중앙부처) : 학교용지 활용사업을 정부 정책으로 확정
> ▶ 2단계(자치단체) : 기초단체별 1곳 이상, 시범지 조성·운영으로 안전성·지속성 입증
> ▶ 3단계(공동) : 성공 사례 기반 전국 확대 시행

2) 재정 및 운영 방안

> ① **사업비** : 정부 재정(국가보조 생활밀착형SOC) + 교육청(지방교육재정 교부금) + 지자체 보조
> ② **소유·관리** : 소유권은 교육청, 관리는 지자체(또는 시설관리공단 등 위탁)
> ③ **재정 운용** : 절감 예산은 교육·복지에 재투자하고, 주차장 운영 수익은 복합시설 유지관리비 또는 학교 발전기금으로 연계한다.

정리하면, 소유는 교육청, 관리는 지자체, 수익은 복합시설 유지·관리 및 학교 발전으로 환류되는 선순환 구조가 지속 가능성을 만든다.

3) 기대 효과 및 지역사회 상생 방안

① 통학 안전 확보 : 차량 동선을 지하로 유도, 보행자와 완전히 분리
② 주차 공간 확보 : 불법 주정차 해소, 교통사고 위험 감소
③ 생활SOC 확충 : 체육관, 도서관, 육아지원센터 등 공공시설 접근성 향상
④ 운영 지속성 확보 : 주차장 수익을 복합시설 유지관리비로 활용
⑤ 경제성 : 신규 부지 매입 없이 예산 절감, 공사비 약 50% 절감
⑥ 재투자 가능성 : 절감 예산을 교육환경 개선 등에 재투자

4) 시범사업 현황

2025년 4월 교육부 발표 자료에 따르면, "학교복합시설 공모사업은 2023년부터 현재까지 총 87개가 선정되었으며, 전국 226개 기초자치단체에 최소 1개 이상 설치를 목표로 하고 있다." 이를 통해 주차난 해소뿐 아니라 다양한 생활 인프라를 포함한 복합시설로 지역사회 삶의 질 향상에 기여하고 있다.

안정적 정착과 전국적 확산을 위해서는 학교와 지역사회 간 협력 체계 구축과 지속 가능한 운영 방안 마련이 필수적이다. 학교는 교육 기능을 유지하면서 지역과 자원을 공유하는 복합 플랫폼으로 진화해야 한다.

6 소결 : 다양한 시도가 만든 의미 있는 변화

이 장에서 소개한 이야기들은 완성된 성과라기보다는, 더 나은 행정을 향한 '의미 있는 도전'의 흔적이자 여정이었다. 서툴고 작은 시작이었지만, 그 안의 진심은 지역사회의 변화를 이끄는 문을 열어주었다.

예컨대 '아이디어 마켓'처럼 한 번의 새로운 생각 하나에서 출발한 시도는, 행정이 시대의 흐름을 읽고 미래를 여는 플랫폼이 될 수 있음을 보여준 상징적인 순간이었다. 차량 내 질식처럼 보이지 않는 위험에도 눈을 돌리지 않고, 그늘진 곳을 향해 한 걸음 다가섰던 선택 역시 마찬가지였다. 또 장애인복지관 공사 중단이라는 복합적인 위기 앞에서도 해법을 찾아 나섰고, 동전 모금이라는 작고 따뜻한 연대에서 시작된 '마음의 행정'은 행정의 본질이 어디에 있는지를 다시금 일깨워 주었다.

이 모든 경험은 지금도 제 마음속에 깊은 울림으로 남아 있다. 학교 유휴부지를 지역과 나누는 공간으로 바꾸려는 시도 또한 그러했다. 정답을 미리 갖고 시작한 것이 아니라, 서로의 생각을 나누고 제도적 진전을 함께 모색해 간 '과정의 실험'이었으며, 그 속에서 행정은 지역 공동체의 삶과 온기를 나누는 '동반자'가 되어야 함을 다시금 깨닫게 되었다.

돌이켜보면, 이 장에 담긴 사례들은 완성된 해답이라기보다는, 더 나은 세상을 향한 질문들이었다. 공직자로서의 사명감과 상상력, 그리고 끝까지 실천하려는 의지가 모여 만들어낸 여정이었다. 지금도 우리 사회 곳곳에는 여전히 풀리지 않은 문제들이 산적해 있다.

그러나 그 앞에서 멈추지 않고, 작더라도 용기 있는 한 걸음을 내딛는 것이 공공행정이 지켜야 할 가장 소중한 가치라고 믿는다.

이 글을 읽고 있는 공직자 여러분께 진심으로 바란다. 각자의 자리에서, 크든 작든 가치 있는 시도를 멈추지 않기를.

그리고 '사람을 위한 행정'이라는 본질을 잊지 않고, 묵묵히 그 길을 걸어가 주기를.

내가 걸어온 이 길이 누군가에게 작은 영감이 되고, 또 다른 행동의 디딤돌이 될 수 있다면, 그 하나만으로도 이 모든 도전은 충분히 값지고 따뜻한 의미로 남을 것이다.

> **제4장 Key Point**
>
> 1. 적극행정은 '정해진 일'을 넘어, '지금 꼭 필요한 일'을 찾아서 하는 것이다.
> 2. 사소해 보이는 문제에도 귀 기울이는 것이 공직의 진정한 품격이다.
> 3. 고정된 틀을 벗어난 제안도, 시민과 함께할 때 공공서비스로 꽃필 수 있다.
> 4. 미약한 행동이라도 선한 마음이 더해지면, 지역에 새 숨결을 불어넣고 행정에 온기를 더한다.
> 5. 의미 있는 도전을 두려워하지 말자. 끊임없는 시도만이 공직의 가치를 더욱 빛나게 한다.

제5장

적극행정,
문화가 되려면

...

 왜 어떤 조직은 눈에 띄는 혁신을 이루는 반면, 다른 곳은 늘 제자리걸음만 반복할까? 단순한 구호나 외부의 압박만으로는 지속 가능한 발전을 이루기 어렵기 때문이다. 적극행정이 정책적 구호에 그치지 않으려면, 일하는 방식으로 일상에 스며들고 공직 문화로 정착되어야 한다.
 자주 반복하는 행동이 습관을 만들고, 습관이 문화를 만든다. 실천이 쌓이면 조직은 달라진다. 하지만 어떤 행정기관은 회의만 자주 열면 모든 문제가 해결될 거라 착각하곤 한다. 멋지게 '혁신'이라는 표지를 단 보고서 안에는 '현행 유지', '향후 검토', '추후 논의' 같은 표현이 여전히 등장한다.
 그럼에도 최근 공직사회 전반에 의미 있는 변화의 흐름이 감지되고 있다. 과거에는 규정과 절차가 판단의 절대 기준이었다면, 이제는 창의적인 접근과 신속한 실행력이 중요해지고 있다. 행정의 능동성은 선언이 아니라, 구성원 모두의 자발적 공감과 일상적 실천을 통해 증명되어야 한다.
 그 시작점은 바로 '소통'과 '책임감'이다. 자유롭게 의견을 나눌 수 있고, 그 의견이 실제 정책에 반영되며, 실패를 두려워하지 않고 포용하는 분위기가 형성될 때 비로소 건강한 변혁이 자란다. 특히 리더의 태도와 철학은 조직 분위기에 결정적인 영향을 미친다.

리더가 직접 일의 본질을 고민하고 행동으로 본보기를 보일 때, 구성원들도 새로운 흐름 속으로 나아갈 수 있다. 이러한 전환은 일상 속 작은 실천의 꾸준한 축적에서 비롯된다.

① 제도는 문을 열고, 사람은 움직인다

1-1 시작은 마음에서

적극행정이란 불합리한 규제를 걷어내고, 창의성과 전문성을 발휘해 공익을 지향하는 능동적 행정을 말한다. 그 시작점은 "이 문제, 어떻게든 해결해 보자"라는 작고 단순한 마음의 다짐이다. 그러나 과거 공직사회는 이 '마음'을 짐처럼 느끼게 만들었다.

규정은 모호했고, 전례는 없었으며, 조금이라도 잘못되면 모든 책임이 담당자에게 돌아왔다. "굳이 왜 일을 벌이느냐"라는 냉소, "괜히 책임질 일 만들지 말자"라는 침묵, "소극적으로 해도 문제는 없다"라는 안일함이 공기를 지배했다. 이런 공기를 마주한 많은 공직자들은 결국 움직이지 않는 것이 더 안전한 길이라고 여길 수밖에 없었다.

나는 2006년, 하나의 사안을 적극적으로 추진하다 세 차례나 감사를 받았다. 그중 두 번은 "어려운 여건에서도 잘했다"라는 평가와 함께 표창까지 받았으나, 한 번은 징계 의결이 내려지기도 했다. 개인적으로는 아무리 생각해도 수긍하기 어려웠다. 다행히 소청심사 끝에 최종적으로 잘못이 없다는 처분을 받았지만, 그 과정에서 1년 8개월 동안 매 순간 조심스러웠고 마음을 졸였다. 긴 시간을 그렇게 보낸 탓에 한동안 일에 대한 의욕이 많이 꺾였다.

그 경험은 내게 분명한 교훈을 남겼다. 적극행정은 '선한 의지'만으로는 부족하다. 더 많은 공직자가 주저하지 않고 용기 낼 수 있도록, 제도와 조직문화가 함께 뒷받침돼야 한다.

1-2 제도가 열린 뒤의 변화 : 면책·사전컨설팅의 효과

적극행정을 주저하게 하던 가장 큰 이유는 "괜히 책임질 일 만들지 말자"라는 두려움이었다. 이 벽을 낮춘 두 축이 면책제도와 사전컨설팅이다.

면책제도는 공익 목적, 합리적 절차·판단을 거쳤지만, 결과가 미흡한 경우 징계를 감면·면제하는 장치다. 핵심은 과정의 정당성(사전 검토, 이해관계 조정, 기록의 충실성)이다.

사전컨설팅 제도는 추진 전 단계에서 법령 해석과 처리 방향에 대해 유권해석을 받아 불확실성을 낮추는 절차다. 이를 통해 사후의 개인 책임을 줄이고, 조직의 해석과 책임을 공유하게 만든다. 이 둘이 맞물리면 행동의 선순환이 생긴다.

- 사전컨설팅 요청 → 유권해석·기록 → 추진 → 결과 점검(필요시 면책)

현장 변화는 분명하다. 결재라인의 지연과 회피가 줄고, "이 방식은 어떨까요?"라는 제안이 늘었다. 다만 면책제도는 만능 열쇠가 아니다. 고의·중과실, 사적 이익 추구, 절차 누락은 예외다. 우리가 현장에서 판단할 때 기준은 세 가지면 충분하다. 공익성(누구의 이익인가), 합리성(절차와 대안의 타당성), 기록성(근거와 경과의 문서화). 문을 연 건 제도였고, 움직인 건 사람이었다.

② 과장이 여는 팀의 혁신

2-1 '과(課)' 중심 행정과 팀워크

공직사회는 기본적으로 '과' 단위로 운영된다. 정책과 사업은 과에서 기획·집행되고, 성과 또한 과 중심으로 평가된다. 아무리 유능한 개인이 있어도, 공공행정은 복잡한 이해관계 속에서 부서 간 협력이 필수인 영역이다. 팀워크와 조직력의 힘이 때로는 개인 역량보다 더 중요하다.

내가 과장으로 처음 업무를 시작했을 때 가장 크게 느낀 점도 이 부분이었다. 개인의 뛰어남보다, 과 전체가 어떻게 움직이느냐가 성패를 좌우했다. 조직은 각자가 제 역할을 신뢰 속에 수행할 때 비로소 유기적으로 움직였다. 문제를 풀어가는 가장 확실한 길은 혼자 끙끙대는 게 아니라, 동료와 함께 답을 찾아가는 것이다.

나는 언제나 문제 해결의 실마리를 '집단지성'에서 찾으려 했다. 그리고 그 시작점에는 과장이 서 있어야 한다고 믿었다. 과장은 단순히 업무를 분배하고 지시하는 자리가 아니다. 과의 분위기를 만들고 방향을 제시하며, 구성원의 에너지를 하나로 모아 조직 전체의 동력을 이끄는 중심축이기 때문이다.

2-2 '집단지성'은 리더의 열린 태도에서

리더가 먼저 마음을 열면, 구성원들도 자신의 생각을 꺼내기 쉬워진다. 중요한 회의가 있을 때마다 나는 "이 문제에 대해 어떻게 생각해?"라는 질문으로 대화를 시작했다.

처음엔 어색해하던 직원들도 점차 의견을 내기 시작했고, 그중에는 내가 미처 생각하지 못한 참신한 아이디어도 있었다. 회의는 단순한 보고 자리가 아닌, 우리 과의 '전략회의실'로 바뀌었다.

MZ세대가 조직의 중심으로 자리 잡아 가는 요즘, 단순 지시형 리더십은 더 이상 효과적이지 않다. "왜 해야 하죠?"라는 질문은 불손함이 아니라, 납득할 수 있는 설명을 요구하는 합리적인 요청이다. 관리자는 방향을 '함께' 설계하는 동반자다. 그래야 구성원들이 자발적으로 움직이고, 일에 주인의식을 갖는다.

구성원의 '말'을 끌어내는 리더가 마침내 조직의 '혁신'을 이끈다. 혼자 해내려 하기보다 동료의 지혜를 모을 때 더 큰 길이 열린다는 것을 잊지 말길 바란다.

2-3 한마디가 바꾸는 조직

　창의성과 토론 문화는 하루아침에 만들어지지 않는다. 어릴 때부터 토론과 비판적 사고를 훈련하듯, 우리 조직도 젊은 공직자들이 자유롭게 의견을 내고 새로운 시도를 할 수 있는 환경을 갖춰야 한다. 그들의 아이디어가 실제 정책으로 이어질 수 있다는 '가능성의 메시지'를 주는 것이 무엇보다 중요하다. 따라서 핵심은 '분위기'다. 창의성과 도전을 억누르는 조직에선, 바꿔야 할 대상이 '사람'이 아니라 '문화와 시스템'이다.

"한 명의 슈퍼 공무원보다, 100명의 적극적인 한 걸음이 중요하다."

　이 말은 단순한 구호가 아니라, 현장에서 내가 직접 확인한 진실이었다.
　과장이 열린 자세로 먼저 움직일 때, 구성원들도 자연스럽게 따라온다. 그렇게 축적된 일상의 행동들이 조직 전체의 발전을 이끈다. 과장의 말 한마디가 누군가의 망설임을 용기로, 조직의 침묵을 움직임으로 바꾼다. 리더의 언어는 곧 조직문화 혁신의 시작점이 된다.

3

협업이
조직을 움직인다

3-1 협업 없는 적극행정은 없다

적극행정이 제대로 작동하려면 다양한 주체 간의 공조 체계가 필수다. 그러나 현실에서 가장 자주 마주하는 벽은 "이건 우리 소관이 아닙니다"라는 말 한마디다.

부서 간 칸막이 행정과 책임 떠넘기기는 현장의 눈물을 키우고 동료들의 수고를 배가시킨다. 하지만 긴 논의 끝에 함께 해결책을 찾았을 때, 남는 것은 갈등이 아니라 성취의 기쁨이었다.

부서 간 연계가 자연스럽게 이루어지기 위해서는 정보가 자유롭게 흐르고, 자원이 유연하게 공유되는 개방적 소통 환경이 필요하다. 경계를 넘어 문제를 함께 해결하겠다는 의식이 자리 잡을 때, 협업은 비로소 작동한다.

공직사회 전체가 성과를 '함께' 만들고 '함께' 책임지는 문화를 갖춰야 한다. '괜히 더 일 떠맡을까' 피하는 분위기 대신, '기여에 대한 자부심'이 협업을 움직이는 동력이 되어야 한다. 진짜 협업은 일의 부담이 아니라 성과의 기쁨을 나누는 과정이다.

3-2 [사례] 크레인 전도 : 유관기관 협업 프로토콜

제2장에서 다룬 'ㅇㅇ관광호텔' 인근 크레인 전도 사고는 공조의 진가를 보여준 사례다. 대형 크레인 붐대가 오피스텔 외벽을 강타했고, 상공에는 고압선이 지나가던 긴박한 순간이었다. 그러나 현장은 흔들리지 않았다. 시공사·경찰·소방·한국전력·구청이 제 역할을 신속히 수행하고 긴밀히 협력해 주민들은 안도의 숨을 내쉴 수 있었다. 전문성에 기반한 책임 있는 대응이 유기적으로 맞물리자, 그 연결 자체가 위기 대응의 힘이 되었다.

그날의 현장은 각자의 몫을 끝까지 지킨 사람들이 만들어낸 질서였다. 평소의 실천이 쌓인 신뢰가 위기에서 협업으로 발현된 것이다. 이 사건은 협업이 구호가 아니라 생명을 지키는 해법임을 증명했다. 그 뿌리에는 사람을 지키려는 책임감, 곧 적극행정이 있었다. 작은 행정적 결단 하나가 주민 안전을 지켜낸 든든한 울타리가 되었다. 협업은 우연이 아니라, 사전에 마련된 프로토콜의 결과다.

> 위기 발생(크레인 전도) → 경찰·소방 대응 → 한국전력(절연 방호관 재점검·안전 유도 등) → 지자체 조율·지원

3-3 평소의 인식과 실천

 이런 연계는 재난이나 긴급 상황에만 필요한 것이 아니다. 조직이 하나의 목표를 향해 유기적으로 움직이기 위해서는, 일상적인 부서 간 연계와 협력이 특히 중요하다. 이를 위해 조직의 리더는 명확한 방향을 제시하고, 협력의 가치를 꾸준히 공유하며, 구성원에게 자율성과 책임을 함께 부여해야 한다.

 협업이 자연스러운 조직일수록 갈등은 조율되고, 성과는 공유된다. 협업은 제도나 시스템이 아닌 조직문화 속에서 자라나는 가치다. 서로를 신뢰하고, '함께'의 가치를 인정할 때 협업은 조직의 에너지로 작동한다.

 공직사회는 개인의 역량도 중요하지만, 함께 풀어가는 '집단지성'이 더 큰 발전을 만든다. 혼자 넘기 어려운 과제도 여러 부서가 힘을 모으면 해법이 생긴다. 그리고 협업으로 이룬 성과는 더 오래 기억되고, 더 크게 빛난다. 협업은 마침내 '혼자가 아닌 우리가 만든 결과'라는 자긍심으로 완성된다.

업무보고를
'생각 훈련장'으로

4-1 보고서로 훈련하는 사고력

공직자에게 가장 익숙한 일 중 하나는 바로 '업무보고'다. 대개는 현황, 추진 경과, 문제점, 대책, 향후 계획 등을 간결하게 정리하는 형식으로 구성된다. 나는 이 보고서를 단순히 '받고 읽는 문서'로 보지 않았다.

보고서는 '생각을 훈련하는 장'이어야 한다. 직원들이 보고서를 작성하면 먼저 내부 메일로 보내도록 하고, 함께 검토하며 상대방의 입장에서 내용을 다시 생각해 보는 과정을 거쳤다. 이 과정 자체가 사고력을 키우는 훈련이었다.

특히, 나는 '두괄식 보고'를 원칙으로 삼았다. 결론부터 먼저 말하고, 이유와 설명은 그 뒤에 덧붙이는 방식이다. 이런 구조는 듣는 사람의 시간을 아끼고, 핵심을 빠르게 전달하는 데 효과적이다.

그리고 가장 강조했던 것은 단연 '대안 제시'였다. 문제점만 나열하지 말고, 반드시 세 가지 이상의 해결책을 고민해 적도록 했다. 문제 해결은 문제를 인식하는 순간이 아니라, 대안을 고민하는 순간부터 시작된다. 이러한 작은 훈련들이 쌓이면, 직원들의 사고력과 문제 해결 능력은 눈에 띄게 성장한다.

4-2 보고 형식이 만든 적극행정

업무보고는 단순히 '정리된 결과'를 적는 문서가 아니다. 보고서를 쓰고 읽는 과정 자체가 생각을 정리하고, 문제를 명확히 바라보는 기회가 된다. "이 문제는 왜 생겼는가?"에서 멈추지 않고, "이렇게 해 보면 어떨까?"라고 제안하는 자세, 그것이 곧 적극행정의 동기로 작용한다.

나는 직원들과 함께 보고서를 다듬을 때 자주 이렇게 말했다. 보고는 일의 마무리가 아니라 '사고와 제안'이 시작되는 지점이다. 이런 문화가 자리 잡자, 보고서도 단순한 문서가 아니라 서로의 마음과 생각을 잇는 다리가 되었다. 직원들은 문제를 더 깊이 고민했고, 서로의 보고서를 참고하면서 더 정제된 아이디어를 도출해 냈다.

이처럼 보고의 형식이 조직의 사고방식을 바꾸고, 그런 변화가 적극행정이 일상화되는 힘이 되었다. 이렇게 축적된 성과와 흐름은 보고서 개선을 넘어, 조직의 문제를 함께 풀어내는 문화로 이어졌다.

5 열정은 태도에서, 성과는 실행에서

5-1 긍정에서 자라는 열정

후배들이 종종 묻는다.

"과장님! 늘 그렇게 열정이 넘치시는 비결이 뭔가요?"

그 질문은 내게 최고의 칭찬이다. 열정은 단지 열심히 일하는 자세를 뜻하지 않는다. 어떤 상황에서도 '될 수 있는 방법'을 끝까지 찾아보겠다는 인식과 사람과 일에 대한 애정에서 비롯된다.

2013년 10월 1일 사무관 승진 임용식 날, 박우섭 구청장님은 이렇게 말씀하셨다.

"최영호 과장은 지역의 어려운 문제를 찾아 해결하려는 의지와 열정이 대단하다. 그리고 주민의 입장을 최대한 배려하는 행정의 자세는 진정한 위민 행정의 참 본보기다."

그 말씀은 업무에 대한 나의 태도를 다잡게 한 큰 울림이었다. 어떤 일이든 처음에는 수월해 보이지만 곧 예상치 못한 벽에 부딪힌다. 그럴 때마다 나는 스스로에게 묻는다.

"왜 안 되는가?"가 아니라, "어떻게 하면 될까?" 그러면 마침내 답이 나온다. 포기하지 않으면 길은 반드시 있다. 열정은 일에 대한 애정에서 시작되고, 행동으로 완성된다.

5-2 [사례] 함평나비축제 : 엉뚱한 상상의 실행

전라남도 함평군은 지금이야 '나비'로 가장 먼저 떠오르는 지역이지만, 1998년 당시에는 존재감조차 없던 농촌이었다. 그때 등장한 39세의 젊은 이석형 군수가 있었다. KBS PD 출신인 그는 틀에 얽매이지 않은 사고로 '함평나비축제'를 제안했다.

"나비로 축제를 한다고?"

천연자원도, 관광자원도, 대기업도 없는 지역에서 나비를 주제로 축제를 하겠다는 발상에 공직자들은 반신반의했고, 주민들 역시 '엉뚱한 생각'이라며 냉소적이었다. 하지만 그는 물러서지 않았다. 직접 주민을 만나 설득했고, 공직자들과 수십 차례 머리를 맞대며 실행 가능한 계획을 세웠다.

수천 평의 유휴부지를 정비하고, 나비생태공원을 조성했으며, 체험 공간도 마련했다. 그 결과, 1999년 제1회 함평나비축제에는 60만 명이 방문해 큰 성공을 거두었다. 그의 열정과 실행력은 '될 수 있는 방법'을 끝까지 포기하지 않고 찾아낸 대표적인 사례였다.

엉뚱해 보이던 상상도 실행을 통해 현실이 된다. 적극행정이 문화로 자리 잡으려면, 포기하지 않는 실행력이 반드시 뒷받침되어야 한다. 이 사례는 창의적인 발상도 끝까지 실행할 때 비로소 성과로 이어진다는 점을 보여준다.

조감도 및 포스터 (출처 : 함평축제관광재단)

5-3 끝내 해내는 건 사람의 마음

적극행정은 '안 된다'라는 고정관념에서 벗어나 '어떤 방법이 있을까'를 끝까지 고민하는 자세에서 출발한다. 하찮아 보였던 나비 한 마리도 지역의 브랜드가 될 수 있다.

모두가 외면했던 현장에서도 해결의 실마리는 반드시 존재한다. 새로운 흐름을 만들어내는 데 필요한 것은 외부 환경보다 유연하고 열린 생각이다. 이러한 긍정적인 모습은 주변 사람들에게도 전파되어 조직 전체에 선한 영향을 미친다.

'되는 길'을 찾겠다는 긍정의 습관이 쌓이면, 그것이 조직을 바꾸고, 지역을 바꾸고, 사람을 바꾼다. 결과적으로, 이러한 변화를 이끄는 힘은 제도나 예산이 아니라, 그 제도를 움직이는 '사람의 태도'다.

작은 마음가짐 하나가 공직의 가치를 바꾸고, 세상을 조금씩, 그러나 확실하게 움직인다. 이러한 용기가 모여 세상을 바꾸는 물결이 된다. 그 시작은 바로 '나'라는 이름의 한 사람이다.

6 '안전한 방관'의 역설을 넘어서

6-1 실수는 문책, 방관은 무사?

"일하면 실수 위험, 가만히 있으면 무사."

공직사회에서 자주 회자되는 이 말은 씁쓸하지만, 많은 공무원이 공감할 수밖에 없는 현실이다. 현행 감사 시스템은 여전히 형식이나 절차 위반에 대한 사후 징계 중심이다. 그 결과, 공익을 위한 선의의 시도마저 실수라는 이유로 동일한 잣대로 처벌받는 일이 생긴다. 실수한 사람은 문책을 받고, 아무 일도 하지 않은 사람은 아무 책임도 지지 않는다.

이런 구조 속에서 공직자들은 점점 위험을 회피하게 되고, 적극적으로 일하려는 의지는 위축된다. 마음 한편에 불안과 두려움이 자리 잡은 채, 용기를 내기란 쉽지 않다. 결국 조직에는 실수를 피하려는 분위기만 남고, '적극행정'은 구호만 남은 채 현실에서 설 자리를 잃는다. 진정한 위협은 '잘못된 행동'이 아니라 '아무 행동도 하지 않는 것'이다.

'아무 일도 하지 않은 사람들'만 안전한 조직, 그것이 지금 공직사회가 풀어야 할 구조적 딜레마다. 그 속에서 새로운 흐름을 꿈꾸는 이는 언제나 홀로 싸운다.

6-2 면책은 인센티브보다 절실

다행히 최근 들어 정부는 면책제도와 사전컨설팅 제도를 도입하며 새로운 움직임을 보이고 있다. 그러나 여전히 현장의 공무원들은 제도의 효과를 피부로 체감하지 못하고 있다. 많은 이들이 성과급이나 승진 같은 인센티브보다, 실수했을 때 책임을 묻지 않는 제도를 더 절실히 원하고 있다.

중앙부처의 한 사무관은 "성과급보다 실수했을 때 책임을 묻지 않는 제도가 더 필요하다"라고 말했다. 이 발언은 서울신문(2019년 8월 13일)에 실린 것으로, 당시 공직사회가 실질적으로 요구하던 것이 단순한 금전적 보상이 아니라 '실패에 대한 제도적 보호'였음을 상징적으로 보여준다.

이는 한 개인의 의견에 그치지 않고, 많은 공직자의 공통된 현실을 반영한다. 공직자가 바라는 것은 '결과'에 대한 보상보다도, 정당한 '과정'에 대한 신뢰다. 정해진 절차를 따르고, 공익을 위한 진정성을 가지고 업무를 추진한 일이라면, 설령 결과가 기대에 미치지 못하더라도 그 과정이 보장돼야 한다.

> **[관가 인사이드] 승진보다 면책 보장… 적극행정 성과 보려면 국가가 신뢰 보여야**
>
> 입력 : 2019-08-13 17:20 | 수정 : 2019-08-14 02:44
>
> '복지부동, 부작위(不作爲), 무책임, 무능, 무사안일'. 이 부정적 언어들은 그간 한국 관료를 평가할 때 연관검색어처럼 따라붙는 말이었다. 무사안일과 타성에 젖은 관료조직 문화를 바꾸는 일은 지난했고, 어떤 정부도 관료체제를 바꿀 패러다임을 개발하지 못했다. '규제 전봇대'를 뽑자던 이명박 정부와 '손톱 밑 가시'를 빼자던 박근혜 정부도 입이 닳도록 규제 혁파를 외쳤지만 공직사회의 낡은 관행을 넘진 못했다. 요지부동 공직사회에 다시 변화의 바람이 불고 있다. 이번에는 구호에 그치지 않고 적극행정을 제도적으로 지원할 대통령령을 마련했다. 면책과 승진이라는 안전장치와 파격적인 보상도 준비했다. 문재인 정부의 새로운 시도는 관료 조직의 빛바랜 소명의식을 깨울 수 있을까.
>
> 서울신문, 2019.08.13.

물론 제도는 실수를 정당화하는 장치가 아니다. 공익을 위한 시도와 도전을 보호하고, 적극적인 실행을 장려하기 위한 최소한의 조건이다. 그래야 비로소 '한번 해 보자'라는 용기와 자발성이 현장에서 움틀 수 있다.

최근 정부는 공직사회 혁신의 일환으로 적극행정 활성화 방안을 마련하겠다고 발표했다. 이는 공무원이 위축되지 않고 과감히 일할 수 있도록 지원하겠다는 정부 차원의 공식 의지를 드러낸 것으로, 제도의 실질적 강화를 기대하게 한다. 단지 제도 도입을 넘어, 현장에서 체감할 수 있는 실행력 있는 보완책이 뒤따르기를 바란다.

6-3 방관에도 책임을 묻자

그렇다면 이제 감사는 누구를 향해야 할까?

실수한 사람보다, '아무것도 하지 않은 사람'에게 책임을 묻는 구조로 전환돼야 한다. 지금까지의 감사는 대부분 "무엇이 잘못되었는가?"에 초점을 맞췄다. 앞으로는 "왜 아무런 조치도 하지 않았는가?"를 더 묻고 따져야 한다.

방관이야말로 조직을 무력하게 만드는 가장 큰 적이기 때문이다. 그래야 조직이 소극행정의 늪에 빠지지 않는다. 정부가 도입한 면책제도와 사전컨설팅 제도는 분명 바람직한 방향이지만, 그 실효성을 높이기 위해서는 다음과 같은 보완이 필요하다.

① 고의와 실수, 노력과 방관을 구분할 수 있는 합리적인 기준
② 실패를 징계가 아닌 학습의 기회로 여기는 조직문화
③ 사전컨설팅이 단순한 조언이 아니라, 실질적 실행 가이드로 작동하는 체계

또한 감사의 기능도 바뀌어야 한다. 이제 감사는 사후 처벌의 도구가 아니라, 사전 예방과 조직 학습을 지원하는 시스템이 되어야 한다. 이것은 실수를 묵인하자는 것이 아니다. 실수로부터 배우고, 그 경험을 제도개선과 업무 향상으로 연결할 수 있는 구조, 그것이 건강한 조직을 만든다.

더 이상 '아무 일도 하지 않은 사람'을 조용히 넘기는 조직문화

를 용납해서는 안 된다. 두려움 없이 도전하고, 실패를 품을 수 있는 조직, 그때 비로소 적극행정은 조직의 뿌리가 된다. 후배들에게 한 말씀 드린다. 실수보다 더 큰 잘못은 방관이다. 움직이는 쪽에 조직이 서야 한다.

7
공직 혁신, 내가 시작한다

7-1 멈춰 선 공직을 움직이다

일을 적극적으로 처리하는 자세는 단순히 속도를 높이는 데 그치지 않는다. 그것은 국민의 불편을 외면하지 않고, 공동체의 이익을 위해 능동적으로 움직이는 공직자의 자세에서 비롯된다. 무엇보다 중요한 것은 "이 문제를 내가 해결하겠다"라는 의지다. 문제를 피하지 않고, 앞장서서 해법을 찾으려는 태도야말로 지금의 공직사회에 가장 절실한 가치다.

다행히 이제는 멈춰 서기보다, 필요한 혁신을 시도해 볼 수 있는 환경이 조성되고 있다. 제도는 도약기를 맞이했고, 조직 역시 그런 진전을 받아들일 준비를 마쳤다. 면책제도, 사전컨설팅 제도, 적극행정 우수공무원 인센티브 등 다양한 제도들이 그간 주저하던 공직자들의 발걸음을 뒤에서 밀어주고 있다.

현장 곳곳에서는 "이제는 해볼 수 있겠다"라는 자신감 있는 목소리들이 하나둘씩 들려오고 있다. 혁신은 위에서의 지시가 아니라, 현장에서 먼저 움직이는 사람의 용기에서 시작된다. "이번엔 내가 해보자"라는 결심, 그것이 바로 멈춘 조직을 움직이는 첫 불씨가 된다.

7-2 한 사람의 결심이 바꾸는 일상

제도와 분위기만으로는 충분하지 않다. 적극행정이 일시적 캠페인을 넘어 문화가 되려면 누군가의 작은 결단이 필요하다. 공직사회는 상명하복처럼 보이지만, 실제 변화를 움직이는 힘은 현장 공무원의 선제적 선택과 실행에서 나온다.

나 역시 그런 순간들을 여러 번 마주했다. 옹벽 붕괴 위험 현장에서는 절차를 지키면서도 즉시 조치가 가능하도록 관계기관을 잇고, 관광호텔 인근 크레인 전도 사고 때는 시공사·경찰·소방·한국전력과의 공조를 끝까지 조율했다. 특별한 영웅주의가 아니라 지금 할 수 있는 것부터 시작한 선택이었다. 그 결심은 동료들의 행동으로 확장되었고, 해법은 협력 속에서 구체화되었다.

하루의 일과는 비슷하게 반복되지만, 한 번 더 다가가는 선택은 결과를 달라지게 만든다. 한 통의 전화, 한 장의 기록, 한 번의 현장 동행이 누군가의 불안을 덜고 더 안전한 일상을 만든다. 적극행정의 특별함은 '일을 잘하는 것'에 머물지 않는다. 그것은 사람의 삶을 바꾸는 일이며, 그런 선택이 쌓일 때 조직의 문화가 바뀐다.

공직자 여러분!

▶ 오늘 당신의 "제가 하겠습니다" 한마디가 누군가의 밤을 편하게 만든다.
▶ 완벽하지 않아도 시작하라. 기록하고, 공유하고, 배우면 된다.
▶ 공익을 위한 정당한 절차를 밟았다면, 조직은 당신을 지지한다.
▶ 작은 실행이 내일의 기준이 된다. 적극행정은 관심과 책임의 다른 이름이다.

적극행정을 '문화'로 만드는 조건

8-1 구호를 넘어 일하는 방식으로

적극행정이 캠페인으로 끝나지 않으려면 평가와 보상, 리더십, 일상의 습관이 함께 움직여야 한다. 조직은 무엇에 점수를 주느냐로 문화를 만든다. 결과만이 아니라 '시도'와 '학습'을 평가 기준에 올려야 한다. 그리고 그 메시지를 제도적 보상으로 뒷받침해야 한다.

행정안전부는 적극행정 우수공무원에게 실적 가점·성과급·국외연수 등을 제공하고, 서울시 역시 유사한 혜택으로 우수 사례의 발굴·확산을 돕고 있다. 구체적이고 신뢰할 수 있는 보상이 있어야 사람들은 '안전한 방관' 대신 '책임 있는 시도'를 선택한다.

메시지는 간단하다. "성과는 인정하고, 실패는 학습으로 환영한다." 이 신호가 일상에 스며드는 순간, 적극행정은 구호가 아니라 일하는 방식이 된다. 리더는 방향을 제시하고 지지를 약속하며, 구성원은 작은 시도를 계속 쌓는다. 문화는 그렇게 만들어진다.

8-2 리더가 만드는 행동 문화

조직문화는 리더의 철학과 태도에 크게 좌우된다. 리더의 한마디는 아이디어의 운명을 결정짓기도 한다. "그걸 왜 하려고 해?", "괜히 책임질 일 만들지 마라"는 말 한마디는 의욕을 꺾는다. 반면, "재미있는 접근이네. 어디까지 해볼 수 있을까?", "이건 이렇게 발전시켜도 좋겠다"라는 말은 시도에 날개를 달아준다. 따라서 리더의 태도가 곧 조직의 기준이 되고, 그 기준이 구성원의 행동을 결정짓는다.

적극행정을 키우는 데 가장 필요한 것은 신뢰와 지지다. 리더의 긍정적인 피드백은 구성원들이 주저하지 않고 행동에 나설 수 있게 만든다. 설령 실패하더라도, 리더의 지지가 다음 시도의 원동력이 된다.

공직사회에서 '믿어주는 한 사람'의 존재는 무엇보다 큰 힘이 된다. 구성원이 신뢰받고 있다는 확신 속에서 기꺼이 책임을 지고 도전할 수 있게 된다. 이처럼 리더는 조직이 적극행정을 '정책'이 아니라 '문화'로 받아들이도록 이끄는 안내자다.

8-3 함께하는 동료의 용기

아무리 좋은 제도와 리더가 있어도, 함께 고민하고 응원해 주는 동료가 없다면 실제 행동으로 옮기기 어렵다. 행정 현장에서 새로운 시도를 하다 보면 갈등이나 비판, 책임 문제가 불거질 수 있다. 이럴 때 "같이 해 보자"라는 동료의 한마디는 정말 큰 힘이 된다.

나 역시 그런 동료들이 있었기에 수차례의 감사도 견뎌낼 수 있었고, 복잡한 민원과 갈등 속에서도 끝까지 나아갈 수 있었다. 아이디어가 미완성이어도 함께 다듬고, 시도 자체를 지지해 주는 사람이 있다는 사실이 실행을 지속하게 만든다.

공직의 길은 결코 혼자서 걸을 수 없다. 같은 방향을 바라보는 동료들이 함께할 때, 우리는 앞으로 나아갈 수 있다. 서로가 서로에게 '가능성의 증거'가 되어줄 때, 적극행정은 특별한 소수가 아닌 '조직 전체의 문화'가 된다. 함께하는 동료가 있다는 믿음은 어려운 순간에도 포기하지 않고 나아갈 수 있는 든든한 버팀목이 된다. 우리는 혼자가 아니다. 함께 걸을 때 적극행정은 문화가 된다.

제5장 Key Point

1. 제도가 길을 열면, 변화를 움직이는 힘은 사람과 문화다.
2. 협업은 성과가 아니라 평소 신뢰의 결실이다.
3. 보고서는 단순한 형식이 아니라, 생각을 키우고 행동을 바꾸는 마음의 도구다.
4. 조직문화는 리더의 따뜻한 방향 제시와 구성원의 진심 어린 참여가 어우러져 함께 성장한다.

제6장

적극행정, 거창하지 않아도 충분하다

…

　행정은 단순히 규정에 따라 기계적으로 업무를 처리하는 일이 아니다. 규정은 행정의 최소한을 보장하는 '기준'이지만, 거기서 멈출 수는 없다. 그 틀을 존중하되 현실의 불편을 풀 수 있는 더 나은 방안을 찾아 국민에게 실질적인 도움을 주는 것, 그것이 가치 있는 행정이다.
　현장에서는 때로 딱딱한 법령과 복잡한 절차 속에서도 사람들의 목소리에 귀 기울이고, 국민의 어려움에 공감하며 실질적인 도움을 주려는 노력이 필요하다. 여기서 말하는 적극성은 제도의 경계를 넘자는 뜻이 아니다. 같은 규정 안에서도 취지와 목적을 세심하게 해석해 현장에 맞게 풀어내려는 책임 있는 태도를 뜻한다.
　세심한 배려와 진심 어린 한마디, 단 한 건의 민원 해결이 민원인뿐 아니라 사회 전반에 긍정적인 파장을 일으킬 수 있다. 책상 앞에서도, 민원 창구에서도, 전화기 너머에서도 어디서든 실천할 수 있는 마음가짐의 문제다. "천 리 길도 한 걸음부터"라는 말처럼 소소한 행동들이 쌓이면 공직에 대한 신뢰와 긍정적인 변화를 이끌 수 있다.
　우리가 먼저 돌아봐야 할 것은 복잡한 제도나 규정보다 우리 스스로의 책임의식과 진정성이다. 국민 앞에 진심으로 다가가 불편을 외면하지 않고, 그것을 개선하기 위한 '조금의 용기'를 내는 것. 그것이 공직자가 갖춰야 할 기본적인 자세라고 믿는다. 행정은 사람을 위한 일이다. 따뜻한 시선과 배려가 어우러져 공직의 진정한 가치를 완성해 간다. 이 작은 전환은 현장의 첫마디에서 시작된다.

① '담당자 부재' 대신 '제가 돕겠습니다'

1-1 원칙 : '담당자 부재'가 책임 부재는 아니다

"담당자가 없습니다"는 행정기관을 찾은 민원인들이 자주 듣는 말이다. 출장·휴가는 불가피하지만, 더 중요한 건 그 상황에서 어떻게 응대하느냐다. "담당자가 없습니다" 대신 "제가 먼저 확인해보겠습니다"라고 말하면, 팀 내 공유 범위 안에서 다른 직원이나 팀장이 응대할 수 있다. 민원인은 '담당자'를 만나러 온 게 아니라 '문제 해결'을 하러 온 것이다.

한 직장인 A씨는 출근 전 서류 확인을 하러 왔다가 "외근 중"이라는 말만 듣고 다음 날 다시 오라는 안내를 받았다. 5분이면 끝날 일을 위해 하루 연차를 써야 했다. 이런 경험이 쌓이면 신뢰는 무너진다.

담당자는 자리를 비울 수 있어도, 책임까지 비울 수는 없다. 그 공백을 메우는 한마디, "제가 먼저 확인하겠습니다"가 민원인의 시간을 지키고 행정의 품격을 세운다. 여기서 '확인하겠습니다'는 최소한의 조치부터 바로 하겠다는 약속이다. 기본 정보 확인, 관련 부서 연결, 회신 시각 약속만으로도 헛걸음을 막을 수 있다. 완벽한 답은 나중이어도, 첫 응대의 책임은 지금 시작된다.

1-2 실행 : 즉시 응대의 언어

행정의 중심은 '공무원'이 아니라 '민원인'이다. 그래서 사실 설명에서 멈추지 말고, "제가 먼저 확인해 보겠습니다"라고 말하며 책임을 시작하자. 완벽한 답을 못 주더라도 먼저 움직이는 태도가 시간을 지킨다.

창구에서 이 말을 꺼내는 데 걸리는 시간은 5초면 충분하다. 그 5초가 누군가의 연차 하루, 한 끼의 점심, 마음속 걱정을 지켜준다. 행정의 품격은 그 5초에서 시작된다.

즉시 응대의 핵심은 네 가지다:

① 한마디로 시작 : "제가 먼저 확인해 보겠습니다."
② 시간 약속 : "10분 내 1차 안내, 오늘 ○시까지 진행 상황 공유하겠습니다."
③ 내부 연계·임시 대행 : 서류 스캔·임시 접수, 관련 팀 확인 전화 등 선조치.
④ 추적 가능한 표시 : 민원번호(문의번호) 제공, 약속 시각에 재연락.

> **바로 쓰는 문구**
>
> - "담당자 외근 중이지만 제가 먼저 확인해 보겠습니다."
> - "10분 내 1차 안내드리고, 오늘 ○시까지 다시 연락드리겠습니다."
>
>   요점은 사실 설명 뒤에 '책임'과 '시간 약속'을 붙이는 것이다. '담당자 부재'는 사정 설명이고, "제가 도와드리겠습니다"라는 책임의 선언이다. 그 5초와 구체적 시간 약속이 민원인의 하루를 지켜준다.

② '우리 소관 아님'을 넘어서

2-1 원칙 : '소관'보다 '연결'이 먼저다

"그건 소관 부서가 다릅니다"라는 말은 민원인을 한순간에 외부인으로 만든다. 어렵게 시간을 내어 행정기관을 찾은 이들에게 돌아오는 무심한 대답은 깊은 허탈감과 실망을 안긴다. 민원인은 여러 부서를 전전하다가 "저희 업무가 아닙니다", "그건 잘 모르겠습니다"라는 말만 반복해서 듣는다.

특히 고령자나 디지털 환경에 익숙하지 않은 분들에게는 더욱 혼란스럽고 힘든 과정이다. 필요한 서류 하나를 받기 위해 여러 층과 부서를 오가다 지친 어르신의 모습에서 우리는 소극행정의 그늘을 마주한다.

그때마다 민원인의 마음 한편에는 '내가 여기서 환영받지 못하는 존재인가' 하는 외로움이 생겨난다. 친절과 관심이 부재한 그곳에서는 행정이 사람에게서 점점 멀어지는 쓸쓸함이 맴돈다. 결국 책임을 회피하는 태도가 행정에 대한 신뢰를 허문다. 그래서 필요한 건 한마디의 책임과 한 번의 안내다. 그것만으로도 허탈감은 신뢰로 바뀐다.

2-2 실행 : 동행과 안내

적극행정은 복잡한 제도를 바꾸는 데에만 그치지 않는다. 민원인이 막막함 속에서 손을 내미는 순간, 아주 작은 배려와 이해가 적극행정의 시작이 될 수 있다.

"그건 저희 소관이 아닙니다."라는 말 대신,

"이건 ○○과 소관입니다. 제가 안내해 드리겠습니다."

"같이 가시죠. 담당자에게 미리 연락하겠습니다."

"전화 연결이 어려우면 ○시 이전에 회신 일정을 잡아 드리겠습니다."

이러한 응대는 민원인에게 차가운 벽 대신 따뜻한 손길처럼 느껴진다.

공직자는 행정의 최전선에서 국민의 이야기에 귀 기울이고 해결을 돕는 동반자다. 민원에 대한 공감과 책임감 있는 응대는 신뢰받는 행정을 만든다. 간단한 안내 한마디가 민원인의 불안을 덜고, 일정을 지켜주며, 행정기관에 대한 신뢰를 깊게 한다. 짧은 응대에 성의가 실리면, 행정은 누군가에게 든든한 버팀목이 된다. 민원인은 행정의 동반자임을 항상 기억하자.

③ '선례 없음'의 두려움 깨기

3-1 원칙 : 공익 기준으로 판단하기

"선례가 없다"라는 말은 곧 "해본 적 없으니 하지 않겠다"라는 뜻으로 들릴 때가 있다. 이 말 속에는 새로운 시도에 대한 두려움과 책임 회피의 심리가 숨어 있다. 기존 사례를 따르는 것이 안전하다고 느끼는 것이다.

이런 모습은 결국 행정이 스스로 발전의 기회를 놓치게 만든다. 하지만 진정한 기준은 따로 있다. 그 일이 공익에 부합하는가, 국민에게 도움이 되는가, 사회적 상식과 형평성에 맞는가 하는 점이다. 이 기준에 따라 판단한다면, 선례가 없다는 이유로 멈출 필요는 없다.

오히려 선례가 없다는 것은 더 나은 해답을 찾을 기회가 될 수 있다. 익숙하지 않은 길은 두려움을 동반하지만, 그 길을 걷는 용기야말로 미래를 바꾸는 첫 단추다. 새로운 길을 낸 첫 사람의 발자국이 훗날 모두의 길잡이가 된다.

따라서 새로운 도전은 우리 모두의 삶을 한층 더 나은 방향으로 이끄는 씨앗이 된다. "작은 시도 하나가 선례가 되고, 그 선례는 제도와 절차를 한 단계 고도화하는 토대가 된다." 선례가 없는 길은, 우리가 남길 길이다.

3-2 실행 : 함께 판단·기록·사전 컨설팅

새로운 시도에는 신중함이 필요하다. 이때 중요한 것은, 혼자 판단하지 않는 것이다. 혼자의 판단은 불확실성을 키우지만, 함께 머리를 맞대면 더 튼튼한 결정을 만들 수 있다. 팀장과 과장, 관련 부서와 충분히 논의하며 의견을 조율하면, 결정의 무게를 나눌 수 있다.

이는 곧 책임의 공동체를 만드는 길이다. 또한 판단의 과정과 그 이유를 투명하게 기록으로 남겨두면, 감사나 평가에서도 행정의 정당성을 입증할 수 있다. 설령 결과가 기대에 미치지 못하더라도, 합리적인 과정을 거쳤다면 그 자체로 신뢰를 얻는다.

필요하다면 적극행정위원회나 감사부서의 사전컨설팅 제도를 활용하자. 이 제도들은 공무원을 지원하고 책임 있는 결정을 돕기 위한 열린 창구다. 작은 절차 하나를 제때 밟는 일이 단전·단수, 강제집행 같은 조치를 막는 안전망이 된다.

"선례가 없다"라는 말이 새로운 시도의 걸림돌이 되어서는 안 된다. 협의와 팀워크, 공익 중심의 판단 기준이 있다면, '선례 없음'은 오히려 새로운 길을 여는 열쇠다.

4

'지침 탓'의 벽을
전환의 기회로

4-1 지침, 기준인가 한계인가?

 행정 현장에서 "지침 때문에 안 됩니다"라는 말을 종종 듣는다. 훈령이나 지침은 행정의 일관성과 공정성을 유지하기 위한 기준이자, 공무원이 책임 있게 업무를 수행하는 데 필요한 장치다.

 그러나 "지침 때문에 안 됩니다"라는 말은 때로 행정의 관성적인 대답처럼 들린다. 민원인의 입장에서는 이 말이 현실적인 대안을 가로막는 벽처럼 느껴지기도 한다. 사정이나 상황에 대한 이해 없이 가능성을 처음부터 차단당한 인상을 줄 수 있기 때문이다.

 앞서 제3장에서 살펴본 '뒤바뀐 건축물 동·호수 바로잡기' 사례에서도 유사한 일이 있었다. 당시 담당자는 국토교통부 유권해석을 근거로 "지침 때문에 불가능하다"라고 통보했고, 이에 주민들은 깊은 억울함을 호소했다. 해당 오류는 주민의 잘못만으로 발생한 것이 아니었음에도 결과적으로 모든 부담이 주민에게 전가되었다. 비록 지침을 따른 형식적인 조치였지만, 실질적으로는 개선의 여지가 있었다.

지침도 결국 국민을 위한 것이다. 이를 잊지 않고 유연하게 해석하고 적용하는 노력이 필요하다. 그렇다면 멈추지 않기 위해 무엇을 바꿔야 할까?

4-2 멈춤이 아닌 전환

이럴 때는 관점의 전환이 필요하다. "지침 때문에 안 됩니다"라는 말로 상황을 끝내는 대신, "지침을 바꿀 필요는 없는가?", "현장의 목소리를 반영할 방법은 없는가?"를 고민해야 한다.

적극행정은 기존 정답을 부정하는 것이 아니라, 시대와 현실에 맞게 재정립하는 과정이다. 지침 또한 시대 변화와 행정 환경에 따라 융통성 있게 적용되고 다듬어져야 한다. 공직자는 이러한 변화의 흐름을 이끄는 주체다.

"지침 때문에 안 됩니다"로 상황을 끝내지 말자. 현 지침의 취지를 해치지 않는 범위에서 현장 적용을 재검토하고, 필요시 개선 건의를 준비하자. 응대는 이렇게 바꾸면 된다. "현재 지침은 ○○입니다. 다만 취지를 고려해 적용 방안을 검토하고, 개선이 필요하면 상급기관과 협의하겠습니다."

규정을 따르는 데서 멈추지 말고, 그 적용이 현실과 국민 삶에 부합하는지까지 묻자. 그것이 공직자의 역할이다.

민원,
진심으로 마주하기

5-1 민원의 무게

요즘 젊은 공직자의 공통 고민은 "현장 민원 대응이 버겁다"라는 점이다. 나 역시 민원에 지치고 때로는 마음이 무너지는 순간들을 여러 차례 겪었다. 민원은 공직자의 숙명이지만 결코 쉽지 않다. 민원인의 주장과 행정 현실이 충돌할 때는 판단이 어렵고, 대응 방향을 정하는 일도 종종 난감했다. 민원 현장은 늘 긴장의 연속이며, 사소한 말실수 하나가 더 큰 갈등으로 번질 수 있다는 부담감이 마음을 짓눌렀다. 더구나 민원이 담당자, 팀장, 과장 등을 거쳐 올라오기까지는 이미 수많은 갈등과 조율의 과정이 있었다.

2019년 7월, 국장으로 승진하며 도시재생과, 건축과, 도시정비과 등 6개 부서를 총괄하게 되었다. 이 부서들은 주민의 삶과 재산권에 직접적인 영향을 미치기에 민원이 많았고, 집단 민원의 강도와 지속기간도 상당했다. 많은 민원인이 구청장 면담을 요청했지만, 현실은 녹록지 않았다. 그래서 나는 "집단 민원은 국장이 직접 챙긴다"라는 원칙을 세우고 현장을 자주 찾았다. 직원들과 민원의 부담을 함께 나누며, 정면으로 마주할 때 가장 효과적이라는 것을 깨달았다.

5-2 대응의 세 가지 원칙

민원 문제를 효과적으로 해결하려면 우선적으로 민원의 핵심과 쟁점을 정확히 파악하는 것이 중요하다. 그래야 적절한 해결책에 접근할 수 있기 때문이다. 수많은 민원을 접하며 나는 다음 세 가지 원칙을 지켜왔다.

첫째, 들어줄 수 없는 요구는 처음부터 분명히 선을 긋는다. 모호한 태도는 민원인의 기대를 키우고, 결국 더 큰 실망으로 이어진다. 둘째, 타당한 주장에 대해서는 민원인의 입장에서 진지하게 검토한다. 사업 시행자·시공사나 이해관계자와의 조율이 쉽지 않아도 최선의 협의점을 찾기 위해 끝까지 노력한다. 셋째, 피해 보상 청구나 소송을 언급하는 민원에는 현실적인 조언을 드린다. "소송은 시간도 오래 걸리고 비용도 큽니다. 결코 쉬운 길이 아닙니다"라고 차분히 설명하면, 처음에는 격앙된 민원인도 점차 마음을 열고 입장을 조율하는 경우가 많았다.

기억에 남는 민원도 많다. 백여 명이 구청 앞에서 몇 달간 집회를 이어간 사례도 있었고, 어떤 사안은 합의까지 2년 넘게 걸리기도 했다. 하지만 원칙을 지키며 포기하지 않고 조율해 나가면 마침내 해법이 생긴다. 문제는 정답 부재가 아니라, 시간과 정성의 부족인 경우가 많다. 민원은 회피의 대상이 아니다. 진심으로 마주하면 대부분 해결할 수 있으며, 바로 그 고단한 현장 속에서 적극행정의 진짜 가치가 드러난다.

공직자 여러분. 지름길은 없지만, 끝까지 함께 걷는 원칙은 언제나 길을 낸다는 것을 기억해 주길 바란다.

⑥ 작은 배려도
적극행정이다

6-1 작은 친절이 만든 큰 감동

적극행정은 제도개선이나 거창한 정책에서만 비롯되는 것이 아니다. 오히려 일상 속 사소한 마음씀에서부터 시작된다. 때로는 사소한 관심 하나가 민원의 불편을 덜고, 공직자에 대한 신뢰를 쌓는 계기가 되기도 한다. 민원실에서 자주 마주치는 장면이 있다.

서류 한 장 앞에서 당황하는 어르신들. 많은 공직자들이 "작성 예시는 저쪽에 있습니다"라고 안내하지만, 정작 필요한 것은 다정한 태도와 정서적 배려다. 어르신 곁에 다가가 함께 작성해 드리는 일, 그런 세심한 행동이 마음을 움직이는 행정이다. 떨리는 손으로 칸을 채우던 할머니 곁에 나란히 앉아 한 줄을 함께 적자, 고맙다고 말씀하셨다.

적극행정은 작은 친절에서 시작된다. 친절은 큰 비용 없이도 전할 수 있는 최고의 선물이다. 심지어 민원인도 "그거 공짜라면서요?" 하고 웃으며 돌아갈 수 있다. 진심 어린 친절 하나가, 때론 수십 장의 규정보다 더 진한 감동을 전한다.

※ 일상 속 배려에서 피어나는 적극행정: 서울의 한 주민센터 김○○ 주무관.

그는 복지 신청 절차에 어려움을 겪는 어르신들을 위해 직접 가정을 방문해 도움을 주고 있다. "처음엔 단순히 상담만 하려 했는데, 막상 뵈어 보니 신청서 작성부터 절차 하나하나가 너무 어렵다고 느끼시는 거예요. 그래서 자연스럽게 직접 챙기게 됐죠. 작은 정성이지만 큰 차이를 만든다는 걸 매번 실감합니다."

김 주무관의 경험은 알려준다. 이런 관심과 노력만으로도 현장에서 충분히 좋은 행정을 이끌어 낼 수 있다는 사실을 말이다.

Q. 업무 중 가장 기억에 남는 순간은요?

"몇 차례나 복지 신청을 포기하려던 어르신이 계셨어요. 제가 찾아가서 하나씩 도와드린 끝에 혜택을 받으셨고, '이제 좀 살 만하다'라는 말씀을 하셨을 때 정말 가슴이 뭉클했죠."

Q. 어려운 점은 없었나요?

"처음엔 '괜히 튀는 거 아니냐' 하는 시선도 있었지만, '내가 해야 한다'라는 책임감이 더 컸어요. 지금은 주변에서도 많이 격려해 주고 있습니다."

이 사례는 보여준다. 특별한 프로젝트보다 한 사람의 따뜻한 마음과 세심한 행동이 훨씬 더 큰 울림을 줄 수 있음을.

6-2 순대국밥 한 그릇에 담긴 온기

어머니께서 요양병원에 계시다 보니 병원을 자주 찾게 된다. "무엇이 드시고 싶으세요?" 여쭈면 어김없이 병원 근처 단골 순대국밥집을 말씀하신다. 어머니와 함께 10년 넘게 다닌 곳으로, 입맛에 꼭 맞는 집이다.

그 가게 사장님은 70대인데, 조금 독특한 분이다. 무조건적인 친절보다 자신의 방식과 원칙을 고수하신다. 불쾌한 일이 있으면 돌려 말하지 않고 곧바로 말씀하신다. '손님이 왕'이 아니라 '내 가게는 내 방식대로'라는 철학이 분명한 분이다. 처음엔 다소 낯설었지만, 시간이 흐르며 그 진심이 느껴졌다.

어느 날, 순대국밥 1인분을 포장하러 갔다가 가게 벽에 붙은 손글씨 문구가 눈에 들어왔다. "순대국밥 1그릇에 소주 1병만 팔아요."

글씨는 투박하고 삐뚤빼뚤했지만, 그 문장에는 깊은 고민과 철학이 담겨 있었다. 며칠 뒤, 나는 그 문구를 두 가지 형태로 만들어 갔다. 하나는 컴퓨터로 정갈하게 인쇄한 것이고, 다른 하나는 내가 직접 쓴 글씨였다. 사장님은 한참을 들여다보시더니 눈시울을 붉히며 말씀하셨다. 투박한 손마디에 맺힌 땀과 오래 버틴 마음이 그 짧은 순간에 흘렀다.

"자식들도 몰라주는 걸 손님이 챙겨주네…."

평소 말수가 적고 단호한 분에게서 그런 반응이 나올 줄은 몰랐다. "단지 보기 좋게 정리한 것뿐입니다"라고 말씀드렸지만, 그

소박한 관심이 사장님의 마음을 움직였던 것이다.

그날 이후 사장님은 내가 포장을 하러 갈 때마다 "어머님 드리세요?" 하시며 김치와 반찬을 더 정성껏 챙겨주신다. 새롭게 벽과 냉장고에 부착된 문구를 볼 때마다, 나는 그분이 내미는 손길에서 깊은 따뜻함과 진심의 무게를 느낀다.

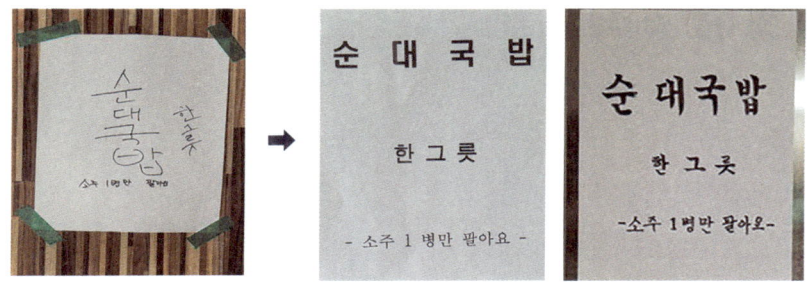

당초 부착 모습　　　　　　　교체 후 부착 (벽·냉장고)

민원 현장에서의 이런 세심한 대응과 관심은 결국 법과 규정을 지키면서도 주민의 권리를 보호하는 적극행정으로 이어진다. 공직사회도 이와 다르지 않다. 거창한 제도개선이 아니더라도, 공직자의 태도 하나, 성의 있는 응대가 누군가의 마음을 움직일 수 있다면 그것이 진정한 국민을 위한 행정일 것이다.

사람의 입장에서 먼저 생각하고 공감하며 다가가는 '작은 친절' 속에 국민이 기대하는 행정의 본모습이 담겨 있다. 행정도 순대국밥 한 그릇처럼, 소박한 배려 하나로 따뜻한 품격을 전할 수 있다. 그 한 그릇의 온기가 일상의 신뢰를 만든다.

⑦ 규정 속 권리를 지키다

7-1 규정 속 주민의 권리

2000년, 나는 구청 건축과에서 허가 실무를 맡고 있었다. 어느 날 팀의 한 선배가 말했다.

"요즘 민원이 너무 많아서 허가를 좀 줄이려면, 규정을 더 엄격하게 해석하는 게 낫지 않을까?"

그 말에는 현실적인 고민이 담겨 있었다. 건축허가가 한 건 나가면 인근 주민들로부터 공사 소음이나 먼지, 진동 등에 대한 항의가 잇따랐고, 하루 종일 민원 응대에 시달리는 상황이 반복됐기 때문이다.

하지만 나는 깊은 고민에 빠졌다. 과연 민원이 많다는 이유로 법적 요건을 갖춘 허가를 임의로 미루거나 거부하는 것이 타당한 일일까? 대부분의 건축주는 큰 대출을 안고 어렵게 사업을 시작한다. 허가가 하루만 늦어져도 그만큼 이자 부담이 커지고, 공사 전체 일정에 영향을 준다. 게다가 건축허가는 기속행위(羈束行爲)로서 법에서 정한 요건이 충족되면 반드시 허가해야 하는 사안이지,

담당자의 재량이나 입장에 따라 결정할 수 있는 일이 아니다.

그렇다면 민원이 예상될수록 공직자가 해야 할 일은 무엇일까? 그것은 법적 원칙과 절차를 더욱 충실히 따르는 일이다. 민원인의 부당한 요구에 대해서는 정중히 설명하고 이해를 구하며, 때로는 갈등을 조정하고 민원을 설득하는 수고를 감수해야 한다. 행정은 누군가의 정당한 권리를 보호하는 울타리가 되어야 하며, 그 울타리를 지키는 것은 공직자의 당연한 의무이다.

7-2 원칙이 키우는 신뢰

적극행정은 단지 친절한 말 한마디로 끝나지 않는다. 그 너머에는 국민의 삶을 존중하고, 정당한 권리가 법과 절차 안에서 실현되도록 책임지는 모습이 자리한다. 이것은 우리가 맡은 일을 묵묵히 성실히 수행하고 있다는 조용한 약속이며, 국민에게는 "당신의 권리는 안전합니다"라는 강한 신호다. 원칙 위에서 흔들림 없이 행정을 펼칠 때, 행정은 비로소 공정하고 믿음직한 얼굴을 갖게 된다.

눈앞의 민원에도 정성을 다하고, 갈등 앞에서도 물러서지 않으며, 법과 절차를 지키되 따뜻한 설명을 더하는 행정. 그런 태도 속에서 진심은 전달되고 신뢰는 자라난다. 그리고 우리가 원칙을 지킬 때, 민원인은 말없이 느낄 것이다.

"이 행정은 내 이야기를 듣고 있구나. 내 권리를 지켜주고 있구나."

그 조용한 확신이야말로 행정을 지탱하는 가장 강력한 힘이 된다. 친절과 세심한 관심이 민원과 행정의 첫 접점이라면, 법과 절차를 준수하며 주민의 권리를 보호하는 원칙은 그 위를 든든히 받치는 기반이 된다.

8
행정,
마음을 담는 기술

8-1 마음을 여는 언어

　행정의 첫 단추는 말의 온도다. 짧은 답변 첫마디가 국민의 인상을 좌우한다.
　"담당자가 없습니다"라는 무심한 말보다 "제가 도와드리겠습니다"라는 따뜻한 응대는 막막했던 마음에 길을 열어주고, "우리 소관이 아닙니다"라는 차가운 답 대신 "함께 방법을 찾아보겠습니다"라는 태도는 공직을 다시 보게 만드는 계기가 된다.
　말은 단순한 전달이 아니다. 그 안엔 공직자의 책임감이 실리고, 상대에 대한 존중과 공감이 깃든다. 하루에도 수십 번 오가는 민원 속에서 형식적 답변 대신 '진심이 묻어나는 한마디'가 제도보다 더 깊은 울림을 남길 수 있다.
　'선례가 없다'고 멈추지 말고 대화의 문을 열자. 지침에만 매이지 말고 취지를 이해해 현장에 맞게 풀어내자. 그것이 적극행정의 언어다. 국민이 바라는 행정은 '무엇을 말했는가'보다 '어떻게 말했는가'에 담겨 있다. 목소리의 온도, 표현의 품격에서 행정의 진심이 느껴질 때, 신뢰는 자연스럽게 따라온다.

8-2 일상의 마음가짐이 만든 품격

민원은 때로 번거롭고 무겁게 느껴지지만, 그 속에는 국민과 행정을 잇는 가장 진실한 접점이 있다. 매일의 현장에서 드러나는 따뜻한 응대, 소소한 배려와 성실한 모습은 그 자체로 국민의 믿음을 얻는다.

정당한 원칙을 지키고 법과 절차를 존중하는 자세는 공직자 한 사람 한 사람의 자부심이자 국가 행정의 기초 체력이다. 이것이 지켜질 때 행정은 공정하고 단단해진다.

적극행정은 반드시 거창하거나 눈에 띄는 혁신에서 시작되지 않는다. 오히려 평범한 업무 흐름 속 되풀이되는 민원 상황마다 진심으로 응답하려는 태도에서 비롯된다. 그 마음이 현장의 공기를 바꾸고 조직의 문화로 뿌리내릴 때, 국민은 말없이 느낄 것이다.

"행정이 나를 향해 움직이고 있구나."

지속적이고 진정성 있는 실천이야말로 행정의 품격을 완성하는 가장 확실한 길이다. 적극행정은 '특별한 일'을 벌이는 게 아니라, '당연한 일'을 다르게 그리고 따뜻하게 해내는 일, 곧 사람을 향한 책임 있는 실천이다.

제6장 Key Point

1. 말 하나가 책임이다. 정책보다 먼저 신뢰를 만든다.
2. 불가의 언어를 공익의 언어로: '선례 없음·지침 탓'을 '함께 판단·전환'으로 바꾼다.
3. 민원은 동행이다. 연결·기록·약속으로 끝까지 함께 간다.
4. 작은 친절이 품격이다. 거창하지 않아도 충분하다.

제7장

시대가 요구하는 문제 해결형 공직자

…

　공직자의 일상은 국민의 삶과 직결된 수많은 과제의 연속이다. 단순한 민원 처리나 규정의 기계적 적용만으로는 오늘날 다양하고 복잡한 사회의 요구를 따라잡기 어렵다. 이제는 문제의 본질을 읽고, 실행 가능한 해법을 찾으며, 그것을 행동으로 옮기는 '문제 해결형' 공직자가 필요한 시대다. 출발점은 경청과 질문이다. 현장의 목소리에 귀 기울이고, "어떻게 하면 더 나을까?"라는 생각의 끈을 놓지 않는 태도는 정형화된 해답보다 현실적이고 창의적인 길을 연다.

　유대인에 관한 책에서 오래 기억에 남은 문장을 만났다. "그들은 정답을 찾기보다, 더 나은 질문을 던지는 사람들이다." 우리는 오랫동안 정해진 보기에서 답을 고르는 교육에 익숙하지만, 공직 현장에는 '보기조차 없는 문제'가 훨씬 많다.

　나 역시 공직 생활 내내 질문하고 메모하며 길을 찾으려 했다. 회의 중, 출장 중, 일상 속에서 떠오른 생각들을 기록했고, 그 생각들은 정책으로 이어졌으며, 집요한 실천이 변화를 만들었다. 이 장에서는 그런 문제 해결의 습관과 실행의 경험을 소개한다. 복잡한 현실 속에서도 현장에서 통하는 해법을 찾는 과정, 그 발걸음이 오늘날 공직자에게 필요한 자세임을 나누고자 한다. 후배 공직자들께 띄우는 작은 편지이기도 하다.

① 공직자는 문제 해결자, 변화는 나부터

1-1 문제 해결형 공직자의 조건

적극행정은 특정 직렬이나 직위에 국한되지 않는다. 행정, 기술, 사회복지, 교육, 소방 등 모든 분야의 공직자가 마주하는 과제는 결국 국민의 삶과 직결된다. 그리고 이에 어떻게 대응하느냐는 직급이나 직무가 아니라, 공직자의 태도와 철학에 달려 있다.

진정한 '문제 해결형' 공직자는 높은 자리에 있는 사람이 아니라, '깊이 있는 통찰'과 '실천 의지'를 지닌 사람이다. 지금 서 있는 자리에서 국민의 불편을 먼저 감지하고, 그 문제를 자신의 일처럼 마주할 수 있는 사람이야말로 우리 사회를 움직이는 동력이 된다. 그들의 일상적인 선택과 실천이 쌓여 행정의 미래를 바꾸는 힘이 되며, 국민은 그런 공직자의 모습을 보며 안심한다.

따라서 공직자는 제도 뒤에 숨는 관리자가 아니라 문제 앞에 나서는 '행동가'여야 한다. 책상은 보고서를 만들지만, 현장은 해답을 만든다. 창구 앞의 표정과 목소리에서 우리는 현장의 답을 배운다.

1-2 변화는 지금, 나부터

　나 역시 건축직 공무원으로 일하며 도면과 구조만 들여다보지 않았다. 현장에는 안전, 복지, 도시환경, 주민 갈등 등 다양한 문제가 얽혀 있었고, 그 속에서 언제나 실질적인 해결책을 고민해 왔다. 그 과정에서 한 가지를 분명히 깨달았다. 공직자의 일은 '지시받은 일'을 처리하는 데서 끝나지 않는다. '더 나은 방법'을 스스로 찾아 나설 때, 공직의 일은 사람의 삶을 바꾸는 힘이 된다.

　이제는 절차에만 얽매여서는 안 된다. 때로는 관행을 의심하고, 필요하다면 규정을 취지에 맞게 해석하는 용기가 필요하다. 현안을 꿰뚫는 통찰력과 이를 현장 적용으로 잇는 추진력, 이 두 가지가 오늘날 공직자에게 가장 중요한 역량이다.

　공직자는 공동체의 일상을 함께 책임지는 삶의 조율자다. 지금 우리 사회는 그런 '문제 해결형 공직자'를 절실히 필요로 한다. 오늘도 누군가는 공직자의 한마디, 하나의 결정에 따라 삶이 달라진다. 그렇기에 지금 이 자리에서, 자신만의 해법으로 한 걸음 더 내딛자. 그 길이 더 나은 공공의 미래를 현실로 만든다.

② 태도가
결과를 만든다

2-1 바라보는 시각이 만든 결과

지금까지 내 글의 요지를 한마디로 요약하자면, "일을 바라보는 관점이 전부다"라고 할 수 있다. 누구나 복잡하고 어려운 업무를 맡는 순간이 있다. 그럴 때마다 '그 일을 어떤 시각으로 보고 접근하느냐'가 곧 해결의 열쇠임을 실감했다.

『논어(論語)』 옹야(雍也) 편에는 "知之者不如好之者, 好之者不如樂之者"(지지자불여호지자, 호지자불여락지자)라는 말이 있다. 아는 사람보다 좋아하는 사람이 낫고, 좋아하는 사람보다 즐기는 사람이 낫다는 뜻이다. 결국 일을 즐기는 사람이 가장 큰 성과를 내고 진정한 전문가가 된다.

나 역시 피하고 싶을 만큼 복잡하고 까다로운 현안을 여러 번 마주했다. '피사의 아파트' 복원 사업, '뒤바뀐 건축물 동·호수 바로잡기' 같은 일들은 민간의 책임이라며 외면할 수도 있었다. '제도개선 동아리' 활동 또한 시급한 과제가 아니었다. 그러나 그런 사안일수록 주민의 안전과 권리, 행정에 대한 신뢰와 직결되는 쟁점이었다. 그래서 나는 언제나 주민의 입장에서 생각하려 노력했다.

억울하고 간절한 마음으로 찾아온 민원인을 만날 때면, "내 가족이 저런 상황이라면 어땠을까?"라고 스스로 묻곤 했다. 민원인은 때로 결과를 애타게 기다리는 사람들이다. 그 마음에 공감하고 진심으로 응답하려는 자세가 문제 해결의 출발점이다.

2-2 준비된 자가 만드는 기회

"성공은 준비와 기회의 만남이다"라는 말이 있다. 사람들은 누군가 성공하면 저 친구가 "운이 좋았네"라고 쉽게 말하지만, 나는 그렇게 생각하지 않는다. 그 사람이 성공한 진짜 이유는 보이지 않는 곳에서 끊임없이 고민하고 준비했기 때문이다.

기회는 누구에게나 오지만, 붙잡는 건 준비다. '운'은 우연이 아니라 축적된 노력의 다른 이름이다. 기회를 준비로 붙잡듯, 꾸준한 대비가 성과를 만든다. 나는 강의 때마다 이렇게 강조한다.

"항상 준비된 공직자가 되자."

현재 맡은 일이 작고 하찮아 보일 수 있으나, 한발 앞서 고민하고 대안을 제시하는 태도를 3년만 지속해 보라. 대안을 마련하려면 많은 공부와 노력이 필요하지만, 그런 준비는 반드시 빛을 발한다. 어느 순간 주변 사람들의 시선이 달라졌음을 느낄 것이다.

"와, 저 친구는 매일, 매달 꾸준히 발전하고 있구나."

그렇게 '일취월장(日就月將)'하는 공직자, 더 나아가 '청출어람(靑出於藍)'의 빛나는 존재로 성장할 수 있다.

2-3 지금, 할 수 있는 것부터

오늘날의 행정은 과거와 확연히 다르다. 단순히 규정을 집행하던 시대는 이미 지났다. 이제는 문제를 해결하고 국민의 만족을 이끌어 내는 시대다. 기존 관행만으로는 설명되지 않는 일이 늘고 있다.

이런 시대에 요구되는 공직자는 작은 문제도 놓치지 않는 세심한 관심과, 지금 할 수 있는 일을 주저 없이 실행하는 자세를 가진 사람이다. 모든 혁신이 단번에 완성되지는 않는다. 그러나 내가 있는 자리에서 작고 구체적인 실천부터 시작하는 것이 적극행정의 문을 여는 초석이다. 그런 행동들이 현장 해결자로 나아가는 가장 현실적이고 효과적인 디딤돌이다.

마지막으로 한마디만 덧붙이겠다. "문제를 피하지 말자." 익숙하지 않다고 외면하거나, 어렵다고 미루지 말자. 그 마음가짐이 개인 성장과 조직 혁신의 기반이 되기 때문이다. 피하려 하기보다 앞으로 나아가려는 태도가 중요하다. 그 마음이 창의적인 아이디어를 불러일으키고, 부족함을 인정하며 극복하려는 노력은 결국 원하는 목표를 이루는 힘이 된다. 작은 시도 하나가 오늘의 위험을 내일의 안전으로 바꾼다.

③ 생각이 해결의 씨앗이다

3-1 긍정적 사고의 힘

공직 시절, 나는 세 가지 원칙을 늘 가슴에 새겼다.

"생각은 긍정적으로, 행동은 적극적으로, 문제는 해결의 관점에서 바라보자."

행정 현장에서는 민원, 제도적 제약, 부족한 예산과 인력 문제가 어느 기관에서나 반복된다. 같은 상황에서도 누구는 "이건 안 됩니다"라고 말하는 반면, 또 다른 이는 "이 조건 안에서 할 수 있는 일은 무엇일까?"를 고민한다. 이 차이는 '생각하는 방식'에서 비롯된다.

신수정 작가의 『일의 격』에서 특히 기억에 남는 문장이 있다. 습관의 중요성을 이야기하며 "중요한 것은 1만 시간이라는 절대치가 아니라 '횟수'다"라고 했다. 대개 결심이 작심삼일에 그치는 이유는 시간이 아닌 '횟수'를 충분히 늘리지 못해서다. 그래서 '잠깐이라도 여러 번' 반복하는 전략으로 바꿀 필요가 있다.

여러 번 시도하려면 어떻게 해야 할까? 만만해야 한다. 매일 퇴근길에 가볍게 한 정거장만 걷는 것부터 시작하라는 뜻이다. 핵심은 '시간'이 아니라 '횟수'다. 어쩌다 길게 한 번보다 짧더라도 여러 번의 경험이 삶을 더 풍요롭게 만든다.

행정의 혁신도 마찬가지다. 제약을 이유로 물러서지 않고, 그 안에서 가능성을 찾으려는 태도와 '짧게라도 여러 차례'의 실험이 변화의 씨앗이다. "일을 하려는 사람에겐 방법이 보이고, 하기 싫은 사람에겐 핑계만 보인다"라는 말처럼, 문제 해결을 포기할 때 우리는 진짜 이유를 찾는지 아니면 변명을 앞세우는지 스스로 점검해야 한다. 즉 모든 변화의 시작은 '마음가짐'에 달려 있다.

3-2 고정관념을 깨는 시각

혹시 영화 「머니볼」을 본 적이 있는가? 이 영화는 메이저리그 팀 '오클랜드 애슬레틱스'가 위기 속에서 새로운 길을 찾아낸 실제 사례를 그렸다.

생각은 긍정, 행동은 적극… 문제해결 중심적 사고

영화 「머니볼」(출처 : 위키백과)

2001년, 핵심 선수들의 이탈과 재정난으로 구단이 존립 위기에 처했을 때 모두가 "끝났다"라고 말하던 순간, 단장 빌리 빈은 기존 관행을 과감히 의심하고 아무도 시도하지 않았던 통계 기반 평가법 '세이버메트릭스'에 주목했다.

이 시스템은 외모나 이름값 같은 주관적 요소를 배제하고, 출루율·장타율·OPS(출루율과 장타율의 합) 등 객관적 데이터로 선수 가치를 평가하는 방식이었다. 빌리 빈은 고액 연봉 스타 선수를 영입할 수 없는 상황에서, 통계로 증명된 저평가 선수들을 데려와 팀 전력을 극대화했다. 결과는 놀라웠다. 최약체로 평가받던 오클랜드는 메이저리그 역사상 전례 없는 20연승 기록을 세우며 모두의 예상을 뒤엎었다.

이 영화가 전하는 메시지는 분명하다. "고정관념과 익숙함에 머무르지 않고, 새롭고 객관적인 시각으로 문제를 바라볼 때 진정한 돌파구가 열린다." 삶과 일에서도 마찬가지다. 익숙한 방식을 고집하기보다, 낯선 시도를 두려워하지 않고 다른 관점에서 문제를 바라보는 용기가 필요하다. 그 한 걸음이 우리를 더 나은 내일로 이끈다.

3-3 공직사회 창의성, 이렇게 시작하자

공직사회도 예외가 아니다. "사람이 없어서", "예산이 부족해서",

"지역 여건상 어렵다"라는 말은 이제 익숙한 일상 언어가 되었다. 나 역시 과거에는 그런 말을 습관처럼 되뇌곤 했다. 하지만 진정한 변화는 그다음 질문에서 시작된다. "그렇다면, 어떻게 하면 좋을까?"라는 물음이 행동의 방향을 바꾼다.

행정에는 정해진 답이 없다. 상황은 복잡하고 이해관계는 얽혀 있으며 해법은 늘 유동적이다. 그렇기에 기존 틀에만 기대서는 새로운 길을 열 수 없다. 오히려 고정관념을 걷어내고, 다른 각도에서 문제를 바라보는 '창의적 사고'가 무엇보다 중요하다. 같은 방식만 고집한다면 결과도 늘 똑같을 수밖에 없다.

공직자가 가진 가장 큰 자산은 결국 '생각하는 힘'이다. 제약 속에서도 가능성을 발견하려는 태도, 익숙한 틀을 의심하며 새로운 방법을 찾으려는 시도, 그리고 '할 수 있는 방법부터 찾아보겠다'라는 자세. 이것이 곧 진정한 적극행정이다. 지금 마주한 수많은 과제도 방식을 조금만 달리해 보는 것만으로 충분히 단초를 잡을 수 있다.

4 실행하는 공직자

4-1 실행력은 용기다

"해내는 가장 확실한 방법은, 그냥 시작하는 것이다."
– 아멜리아 이어하트

탁상 위의 계획만으로는 문제를 해결할 수 없다. 행정의 진짜 힘은 실행에서 나오며, 국민의 불편을 실질적으로 덜어주는 데 집중되어야 한다. 이를 위해 때로는 과감한 결정과 신속한 추진이 필요하다.

공직자의 업무 스타일은 대체로 신중형과 추진형으로 나뉜다. 신중형은 실수 없이 꼼꼼하게 처리하는 강점이 있지만, 지나치면 결정을 미루고 일 추진을 지연시키는 한계가 있다. 반면 추진형은 완벽하지 않아도 일단 집행하고, 진행 과정에서 문제를 해결해 나간다.

완벽주의는 종종 지연장치가 된다. 나는 '100% 준비 후 시작' 대신 '80% 준비되면 시작'한다. 남은 20%는 현장에서 채워 간다. 멈춤을 부르는 것은 준비 부족이 아니라 '실행을 두려워하는 마음'이다. 이처럼 행동을 두려워하지 않는 자세가 공직자가 가져야 할 진정한 용기다. 실행력은 공직자의 의지이자 국민과의 약속이다.

4-2 끝까지 해내는 책임감

시작보다 어려운 건 완수다. 많은 과제가 '좋은 계획'과 '빠른 시작'으로 출발하지만, 도중에 흐지부지되거나 미완에 머무는 경우가 적지 않다. 적극행정의 힘은 끝내 책임지고 완결하려는 의지에서 나온다.

대부분의 현안은 한 번에 해결되지 않는다. 시행착오를 겪고 조정하며 다시 시도할 때 비로소 가시적 결과가 나온다. 그래서 중요한 건 시작이 아니라 완성이다. 공직자는 "신중하라"는 조언을 자주 듣지만, 어떤 순간에는 "지금 당장 착수하자"라는 결단이 더 필요할 때가 있다.

진짜 실력은 끝까지 밀어붙이는 책임의식에서 드러난다. 중간에 포기하지 않고 마무리까지 가는 힘이 조직과 국민의 신뢰를 가장 확실하게 만든다. 끝까지 책임지는 힘은 절차를 넘어 현실을 바꾼다.

그 힘이 결국 현장에서 주민의 안전을 지켜낸다.

5

창의는
실행에서 탄생한다

5-1 익숙함을 새롭게 보는 힘

공공행정의 창의성은 혁신 기업의 기발한 발명과는 다르다. 완전히 새로운 것을 만드는 것보다, 기존 제도나 타 지역 우수사례를 우리 여건에 맞게 조정·실현하는 능력에 가깝다. 단순한 모방이 아니라, 익숙한 것을 새롭게 보고 현실적으로 적용하는 힘. 이것이 현장에서 살아 움직이는 창의성이다.

서울 성동구의 '미래형 버스정류장 스마트 쉼터', 전국으로 확산된 '스마트 횡단보도'가 대표적 사례다. 2023년 행정안전부의 '지자체 혁신성과 확산 지원' 사업을 통해 전국 여러 지역으로 확대되었으며, 특별교부세 지원도 뒤따랐다. 이는 작지만 실효성 있는 아이디어 하나가 대규모 예산이나 제도개편 없이도 변화를 일으킬 수 있음을 보여준다.

창의행정은 화려한 기술이 아니라, 주민의 불편을 정확히 보고 빠르게 대응하는 실천에서 탄생한다. 작은 개선이 모이면 행정서비스 전반의 질이 한 단계 높아지고, 공직사회가 시대의 요구에 유연하게 대응할 힘을 얻게 된다. 행정의 창의는 기술보다 사람에 대한 애정에서 자란다.

5-2 실천 없는 변화는 없다

행정안전부는 이러한 우수사례가 현장에 뿌리내리도록 성공 노하우 공유, 전문가 자문, 점검 등을 통해 확산을 지원하고 있다. 한 지자체의 경험이 또 다른 지자체의 시행착오를 줄이고 정책 완성도를 높이는 선순환이 자리 잡는 것이다.

외국 속담에 "1톤의 생각보다 1그램의 실천이 더 가치 있다"라는 말이 있다. **조엘 바커도 "행동 없는 비전은 환상일 뿐이다"라고 했다.** 행정에서의 창의성은 특별한 몇몇 사람만의 전유물이 아니다. 문제를 먼저 인식하고 '지금 내가 할 수 있는 일부터 바로 착수하자'라는 태도 속에 진짜 창의성이 숨어 있다.

현장에서 시도해 본 소소한 개선들이 쌓이면 제도적 개혁보다 더 빠르고 실질적인 효과를 낸다. 제약이 클수록, 환경이 열악할수록 이런 행동의 가치는 더 커지고, 조직과 국민 모두가 체감하는 변화로 이어진다.

⑥ 하루 0.1% 성장 : 메모의 힘

6-1 펜 끝에서 시작된 습관

고등학교 시절까지 나는 메모를 거의 하지 않았다. 그러나 공직에 들어선 이후, 메모는 내 삶의 일부가 되었다. 40년 가까운 세월 동안 메모는 단순한 기록을 넘어 생각을 정리하고 문제를 해결하며, 아이디어를 길어 올리는 도구가 되었다.

나는 지금도 손글씨 메모를 고수한다. 직접 적을 때 집중이 잘 되고 기억에도 오래 남기 때문이다. 반으로 접은 A4 이면지 메모를 늘 주머니에 넣고 다닌다. 이 쪽지는 어느새 하루를 움직이는 나침반이자, 생각과 행동을 이끄는 엔진이 되었다. 그 작은 나침반이 없었다면 방향을 잃었을 것이고, 작은 엔진이 없었다면 실행으로 옮기지 못했을 것이다. 매일의 기록은 아이디어의 샘에서 퍼 올린 물처럼 내 삶과 업무에 꾸준한 추진력을 제공했다.

> **인천 남구청, 행정의 달인…알고보니 아이디어의 달인**
> 오늘뉴스 2015.11.03 10:43
>
> 국내 기술직 공무원 중 유일한 기술사 자격 3관왕
> 일에 대한 열정 대단, 항시 메모를 통한 아이디어 발굴
> 국내 기술직 공무원 중 유일한 기술사 자격 3관왕
> "많은 성과. 직원들의 적극
>
> [오늘뉴스=노명복 기자] 행정의 달인으로 알려진 최영호 인천 남구 건축과장의 별명은 아이디어의 달인이다.
>
> 그는 언제 어디서나 메모하기 위해 항시 주머니에 펜과 메모지를 소지하며 하루에 꼭 1장 분량의 메모를 한다.
>
> 특히 주요한 현안에 대해서는 자신이 메모하고 생각했던 다양한 아이디어를 직원들과 함께 토론하고 해결 방안을 찾는 등 일에 대한 열정 또한 대단하다.
>
> 최 과장은 국내 기술직 공무원 중 유일한 기술사 3관왕이

관련기사 : 오늘뉴스, 2015.11.03.

6-2 생각을 묶는 메모, 혁신의 열쇠

퇴근길 운전 중 신호를 기다리며 나는 하루를 되짚는 습관이 있다.

"오늘 회의에서 ○○팀장의 제안, 다시 검토 필요."

이처럼 짧은 기록 한 줄이 다음 날 새로운 생각의 실마리가 되곤 한다.

저녁 식사 중 뉴스를 보다가 업무와 관련된 보도를 접하면 "왜 이런 일이 일어났을까?", "우리 행정은 다르게 접근할 수 없을까?" 같은 질문이 자연스럽게 떠오른다. 또, 타 지역 축제 소식을 보면 "우리 지역에서도 시도해 볼 수 있을까?" 하고 스스로 자문한다.

이런 다양한 생각들도 모두 메모해 둔다. 다음 날 아침 출근길,

어제 메모를 다시 펼친다. 떠올린 생각 위에 오늘의 구상을 한 줄 더 얹는다. 사무실에 도착하면, 커피 한 잔과 함께 전날과 아침 출근길에 적은 메모 3장을 다시 1장으로 정리한다. 이 작업에 약 15분의 정성을 들인다. 이 짧은 시간이 그날 업무의 방향을 잡아주는 중요한 준비가 된다.

메모는 기록이 아니라 약속이다. 적어 두고 움직이는 순간 생각이 성과로 바뀐다. 회의나 티타임 자리에서는 이 메모를 바탕으로 직원들과 아이디어를 자연스럽게 나눈다. "기존의 A 방식을 B 방식으로 해 보면 어떨까요?", "어제 뉴스에서 본 사례인데, 이렇게 접목해 보면 어떨까요?"

물론 모든 아이디어가 채택되는 것은 아니다. 현실적 제약으로 무산되는 경우도 많지만, 살아남은 아이디어는 정책이나 제도개선으로 이어지기도 했다. 행정의 작은 혁신은 일상 속 관찰과 문제의식을 놓치지 않는 데서 시작된다. 문제를 그냥 지나치지 않는 자세, 그 일상의 감각이 바로 해결의 실마리다.

하루를 바꾸는 메모 습관

6-3 기록이 만들어낸 하루 0.1% 성장

나에게 메모는 단순한 기록이 아니라 생존 도구다. 메모지가 없으면 불안해서 늘 손이 닿는 곳에 둔다. 종이가 없을 땐 지폐, 손바닥, 심지어 휴지에도 적는다. 아이디어는 휘발성이 강해 '나중에 적자'는 곧 '잊어버리자'와 같다.

나는 하루 평균 메모 3장을 쓴다. 일요일을 제외하면 연 300일, 900장 넘는 메모가 쌓인다. 이를 '하루 0.1% 성장의 원리'라 부른다. 미미해 보여도 꾸준한 기록은 복리처럼 누적되어 연 300일 기준 약 35%의 성장을 만든다.

책상 서랍에서 오래된 메모 묶음을 꺼내 보면, 그 시기 내가 어떤 고민을 했고 어떤 문제의식을 가졌는지 고스란히 남아 있다. 주민 목소리를 어떻게 반영할지, 불편을 어떻게 해결할지 고심한 흔적들이 종이 위에 기록되어 있다.

작고 보잘것없어 보이는 한 장의 메모가 실제 행정을 움직이는 씨앗이 된 것을 여러 차례 경험했다. 메모는 습관이 아니라 '실천'이었으며, 문제 해결의 단초이자 나를 키운 가장 확실한 방법이었다.

매일의 짧은 메모 하나가 나를 0.1%씩, 그리고 복리로 연 35% 성장시켰다. 오늘부터 여러분도 책상 위 작은 메모 한 장을 시작해 보라. 그 꾸준한 기록이 반드시 여러분을 성장시키는 큰 힘이 될 것이다.

주머니 속 메모 (대안 찾기) – 1권 (2개월 분량)

내가 남긴 수많은 메모 중 하나를 예로 들면 다음과 같다.

> **| 가설울타리 전도 위험 : 체크리스트** (건축 현장 예시) **|**
>
> ▶ 사실 : ○○ 현장, 북측 가설울타리 하부 지지 미흡, 초속 12m/s 예보.
> ▶ 조치 : 내일 09:30 시공사와 보강 미팅 → 수평 가새 + 앵커 추가, 순찰 강화
> ▶ 책임·기록 : 담당 시공사 김○○, 감리 ○○사무소 등 – 안전 조치(확인) 기록

자투리
3시간의 힘

7-1 바쁨 속의 허상

공직자의 하루는 숨 가쁘게 돌아간다. 민원 대응, 보고서 작성, 회의 참석, 현장 점검까지 쉴 틈 없이 이어지는 일정 속에서 어느새 하루가 저물고, 퇴근길에 문득 이런 생각이 든다.

"오늘, 단 10분이라도 온전히 내 시간을 써 본 적이 있었나?" 많은 이들이 이렇게 말한다. "요즘 너무 바빠서 책 한 권 읽을 시간도 없어요." 그럴 때마다 나는 되묻고 싶어진다. "정말 시간이 없으신가요? 아니면 그 시간을 그냥 흘려보내고 있는 건 아닌가요?"

잠시 스마트폰을 내려놓고, 커피 한 잔 마시는 시간만 바꿔도 작은 여유는 만들어진다. 하루 10분만 자신을 위해 써도 1년이면 60시간이 넘는다. 자그마한 투자지만, 이 시간이 쌓이면 스스로를 성장시키는 든든한 자산이 된다. 우리는 때로 '바쁨'에 쫓기느라 정작 시간을 어떻게 쓰고 있는지 돌아볼 여유조차 잊고 산다.

7-2 자투리 3시간이 만든 변화

하루는 누구에게나 24시간, 즉 86,400초가 똑같이 주어진다. 지위, 직종, 연령에 상관없이 모두 동일한 시간이다. 나는 그중 단 3시간(10,800초)만 제대로 활용해도 인생이 크게 달라질 수 있다고 믿는다. 강의 현장에서도 자주 말한다. "자투리 시간을 잘 쓰면 인생이 진짜 달라진다."

"시간이 없다"라는 말은 대부분 착각이다. 정말 중요한 것은 시간의 유무가 아니라, 그 시간을 어디에 쓰느냐다. 2002년, 처음 기술사 시험에 도전했을 때도 그랬다. 막막했고 여건도 넉넉지 않았다. 내가 선택한 전략은 오직 하나, 자투리 시간을 쪼개 꾸준히 공부하는 것이었다.

오전 6시 30분에 일어나, 분량이 적은 단원을 30분 집중 공부했다. 토요일엔 방대한 단원을 A3 용지에 요약했다. 일요일 오전에는 그 내용을 강사처럼 설명하며 녹음했고, 오후엔 3~4회 반복해서 들었다. 월요일부터는 출근길·점심·퇴근길에 녹음을 반복해 들었다. 퇴근 후에는 1시간 복습하며 하루를 마무리했다. 이러한 루틴을 꾸준히 실천하면서 하루 3시간, 많게는 4시간까지도 학습 시간을 확보할 수 있었다. 눈에 잘 보이지 않던 틈새 시간들이 어느새 나만의 '학습 공간'으로 변해 있었다.

7-3 작은 반복의 위대함

처음에는 어려웠지만, 생활이 루틴에 맞춰지며 하루 구조가 바뀌었고 그 변화는 삶 전체로 확산됐다. '퇴근 후 3시간 공부' 계획은 대부분 실패한다. 피로가 몰려 집중력이 떨어지기 때문이다. 해답은 단순했다. '자투리 시간을 쪼개 쓰고, 꾸준히 반복하는 습관'이다.

"독서백편의자현(讀書百遍義自見)"이란 말이 있다. 아무리 어려운 글도 백 번 읽으면 뜻이 저절로 보인다는 말. 나 역시 녹음 내용을 반복해 들으며 어느 순간 자연스럽게 이해하게 되었다. 그 결과 세 개의 기술사 자격을 취득했다.

하지만 더 중요한 것은 공부를 행정과 현장 문제 해결에 연결한 점이다. 공부를 통해 시야가 넓어지고 해결 능력도 높아졌다. 그 경험은 적극행정의 토대가 되었다. 그래서 이 글을 통해 꼭 전하고 싶다. "여러분, 지금 시간을 어떻게 쓰고 계신가요?" 자투리 시간의 힘을 믿고 행동해 보라. 작은 반복이 쌓이면 삶의 방향이 달라진다.

7-4 10년 차 공직자의 1시간

공직 생활 10년 차쯤 되면 일의 방향에 대한 감각이 몸에 밴다. 처음 어렵던 민원 응대나 제도 해석도 능숙해진다. 이때부터는 더 많은 공부보다, 쌓은 경험을 차분히 되짚고 나만의 관점을 세우는 일이 중요해진다.

그 시작은 하루 단 1시간이면 충분하다. 초년에는 어디를 파야 물이 나올지 몰랐다면, 이제는 방향을 안다. 방향을 알고 집중하는 1시간은 방향 없이 흘려보낸 3시간보다 훨씬 깊은 성과를 낸다. 행정은 현장 경험과 제도 이해가 맞닿을 때 실력으로 완성된다. 실무 감각이 자리 잡은 지금, 정책 철학과 방향을 되짚기에 가장 좋은 시기다.

그렇다면 이 '1시간'을 어떻게 확보할까? 출근 전, 점심, 퇴근 직전 자투리 시간을 조금씩 모아 활용하면 충분하다. 중요한 건 이 시간을 '나를 위한 시간'으로 정하고 꾸준히 실행하는 일이다. 이 지속적인 1시간은 여러분을 진정한 전문가로 성장시킨다.

오늘부터 하루 1시간, 자신에게 투자해 보라. 습관이 되면 인생은 달라진다. 당신은 이미 절반의 길을 성실히 걸어왔다. 이제 남은 것은 그 길 위에서 자신만의 답을 찾는 일이다. 그 여정에서 나는 늘 이 원칙을 마음에 새겼다.

"주민의 삶과 맞닿은 문제 앞에서는 한 번 더 다가가자."

그것이 내가 선택한 적극행정의 방식이자 오늘의 나를 만든 힘이었다.

⑧ 적극행정의 미래 : 연결과 융합

8-1 융합이 만든 혁신

앞으로의 행정은 부서 간·기관 간 벽에 갇혀 있어서는 안 된다. 복잡하고 다변화된 사회문제는 한 조직이나 영역만으로 해결할 수 없다. 이제 행정의 해법은 '연결'과 '융합'에 있다. 기술과 정책이 만나고, 전문가와 국민이 협업하며, 물리적 공간과 디지털 플랫폼이 유기적으로 작동하는 체계 속에서 적극행정은 새로운 도약을 맞는다.

서로 다른 힘이 만나면 불가능이 가능으로 바뀐다. 세상에 없던 혁신은 언제나 연결과 융합의 산물이었다. 예컨대 콘크리트는 모래·시멘트·물·자갈이라는 서로 다른 재료가 만나 전혀 새로운 구조물을 만들어 오늘날의 거대 도시를 탄생시켰다. 또한 스마트폰은 기존 전화 기능에 인터넷, GPS, 카메라, 메신저, 인공지능 등 다양한 기술이 결합해 일상의 중심이 되었다.

이처럼 각기 다른 것을 연결하고, 서로의 한계를 넘으려는 시도 속에서 진짜 혁신이 생긴다.

8-2 새로운 공직자상

건축과 도시, 환경과 복지, 데이터와 민원행정이 만나는 지점에 창의적 해답이 숨어 있다. 전통적 행정 방식에 디지털 기술을 접목하면 훨씬 민첩하고 유연하게 국민 요구에 반응할 수 있다.

예를 들어 AI를 활용한 민원 예측 시스템, 빅데이터 기반 위기가구 발굴, 실시간 안전 모니터링 플랫폼 구축 등은 모두 기술과 행정의 융합이 만든 성과다.

이제 공직자는 규정 집행에 그치지 않고, 기술을 이해하며 타 분야 전문가들과 협업하고, 복잡한 문제의 핵심을 정의해 해결책을 설계하는 전략가로 거듭나야 한다. 혼자 잘하는 사람이 아니라 함께 연결하고 이끄는 사람, 즉 문제 해결을 촉진하는 '촉진자(facilitator)'가 되어야 한다.

적극행정의 미래는 한 사람의 역량에 달린 것이 아니다. 서로 다른 역량과 시선이 연결되고, 낯선 영역들이 융합될 때 우리는 예측 불가능한 시대에도 국민 삶에 다가가는 공직의 길을 이어갈 수 있다. 결국 미래는 어느 날 갑자기 오지 않는다. 한 사람과 한 조직이 지금 여기서 쌓는 연결과 융합의 걸음이 만들 뿐이다. 즉 미래는 혼자가 아닌 함께 만드는 것이다. 연결과 융합, 그 길의 이름이 곧 적극행정이다.

제7장 Key Point

1. 문제 해결 중심의 공직자는 실패를 두려워하지 않고, 도전을 통해 배우고 성장한다.
2. 복잡한 문제일수록 본질을 꿰뚫는 통찰력과 실행력이 빛난다.
3. 창의성은 행동으로 완성되며, 메모 습관은 변화를 이끄는 씨앗이 된다.
4. 자투리 시간도 쌓이면 인생을 바꾸는 소중한 성장 자산이 된다.
5. 적극행정의 미래는 '연결과 융합'을 통해 따뜻하고 풍성하게 열린다.

에필로그

공직은 제도와 정책으로 사람의 삶을 바꾸는 자리다. 현장의 민원 한 건, 보고서 한 장, 제도개선의 작은 제안 하나가 현실의 변화를 이끌고 국민의 일상을 지탱한다.

이 책은 지난 10여 년(2010~2019)간, 내가 몸담은 행정 현장에서 정책이 어떻게 실현되고 제도가 어떻게 개선됐는지를 담담히 기록한 여정이다. 성과의 나열이 아니다. 현장에서 마주한 문제를 끝까지 풀기 위해 시도한 과정이 어떻게 행정의 틀을 움직여 주민의 안전과 일상을 지켜냈는지 보여주려는 기록이다.

기울어진 아파트를 바로 세웠고, 붕괴 위기 옹벽에서 어르신들을 긴급 대피시켰고, 반복되던 사고를 막기 위해 여러 차례 법령 개선을 건의하고 실행했다. 모든 과정은 '정책'과 '실행' 사이의 간극을 좁히려는 수많은 시도와 조정, 협업의 결과였다.

적극행정은 법령 범위 안에서 신속히 처리하는 데 그치지 않는다. 국민의 불편을 구조적으로 진단하고, 사각지대를 인식하며, 그

틈을 메우기 위한 창의적 접근과 정책적 결단을 포함한다. "행정은 사람을 향해야 한다"라는 말은 수사가 아니다. 현장의 목소리를 경청하고, 구체적 제도개선과 규정 변화를 이끌어 내며, 정책을 현실에 맞게 조율하는 과정에서만 비로소 실현된다.

이 책이 전하고자 하는 바는 누군가의 영웅담이 아니다. 공직자라면 누구나 자신의 자리에서 '작은 변화를 만드는 실천자'가 될 수 있다. 지금 이 순간에도 독자 여러분은 하나의 민원을 어떤 시각으로 판단할지 고심하고 있을지 모른다. 그 작은 고민 하나가 제도의 빈틈을 메우고, 정책 개선의 출발점이 된다. 지금의 한 결정이 내일의 제도를 바꾸고 국민의 삶을 지키는 밑거름이 된다.

나는 믿는다. 아버지의 땅을 되찾던 날처럼, 기울어진 아파트를 바로 세웠던 순간처럼, 작은 메모 하나가 정책으로 발전한 것처럼, 공직자의 한 걸음이 제도를 바꾸고 한 사람의 결심이 세상을 움직인다. 적극행정은 특별한 이들의 전유물이 아니다. 오늘도 묵묵히 국민을 바라보며, 한 걸음씩 실천을 이어가는 당신이 만들어 가는 길이다.

출간후기

권선복 | 도서출판 행복에너지 회장

『적극행정, 말이 아니라 행동이다』는 제목 그대로, 이 시대 모든 공직자에게 던지는 질문이다. "당신은 지금, 말하고 있는가? 아니면 행동하고 있는가?"

책을 펼치는 순간, 나는 한 사람의 진심이 세상을 움직일 수 있다는 사실을 다시 믿게 되었다.

최영호 저자는 32년 가까운 세월 동안 오직 '국민'을 향해 걸어온 사람이다. 그의 행정은 매뉴얼이 아닌 마음이었고, 보고서가 아닌 현장이었다. 수많은 제도와 규정을 넘어 "국민이 웃는 행정"을 만들고자 했으며, 그 길에서 상처를 입고도 결코 멈추지 않았다.

책 속에서 나는 그가 얼마나 치열하게 '진짜 행정'을 살아왔는지 느낄 수 있었다. 세 개의 국가기술사 자격을 취득하며 누구보다 전문적인 역량을 쌓았지만, 그 힘을 권위가 아닌 봉사에 쏟았다. 민원인의 한숨을 외면하지 않았고, 불합리한 관행 앞에서도 침묵하지 않았다. "국민을 위한 행정은 행동으로 증명해야 한다"는 그의 신념은, 수많은 공직자에게 '초심의 거울'이 되고 있다.

그의 문장은 다정하면서도 단호하다. 때로는 국회의 청문장보다, 법령집보다 더 뜨겁다. 그 안에는 국민을 향한 사랑과, 공직자로서의 외로운 책임이 녹아 있다. 그래서 그의 이야기는 한 편의 다큐멘터리처럼 진실되고, 한 편의 드라마처럼 가슴을 울린다.

『적극행정, 말이 아니라 행동이다』는 단지 공무원을 위한 책이 아니다. 리더의 자리에서 고민하는 모든 이들에게 보내는 실천의 선언문이다. 지식보다 양심이, 규정보다 용기가, 말보다 행동이 더 중요하다는 메시지. 그것이 바로 저자 최영호가 자신의 생애를 걸고 남긴 발자취다.

그의 삶은 이 시대의 빛이자 소금이다. 그는 국민을 위해 일했고, 국민 속에서 답을 찾았다. 그 인생은 한 공직자의 이야기를 넘어, '행복한 대한민국'을 만드는 모든 사람들의 이야기이기도 하다.

도서출판 행복에너지는 늘 믿는다. "사람은 책을 만들고, 책은 사람을 만든다." 이 책이 대한민국의 모든 공직자와 리더들에게 행동하는 용기와 따뜻한 희망의 에너지를 전하길 바란다.

『적극행정, 말이 아니라 행동이다』 그 이름처럼, 말보다 행동으로 세상을 바꾼 한 사람의 기록. 이 책이 더 많은 이들에게 "당신도 행동으로 답하라"는 울림이 되길 소망한다.

행복이 샘솟는 책, 에너지가 넘치는 책. 도서출판 행복에너지가 진심으로 추천하는, 행동하는 리더 최영호 저자의 감동 실화이다.

이채필이 던진 짱돌

이채필 지음 | 값 30,000원

이 책은 이채필 전 고용노동부 장관의 역경과 도전으로 가득찬 삶과 더불어 고용노동부 소속 공무원에서 시작하여 장관에 이르기까지 노동 관련 업무를 하면서 확립하고 지켜 온 노동 관련 행정에 관한 신념 및 그에 따른 행보를 다루고 있는 책이다. 대한민국의 갈등적 노사관계 해소를 위하여 시행했던 다양한 노사관계 개혁의 실행 과정과 함께 실무에 앞장선 행정가의 지혜가 고스란히 담겨있다.

중견기업 CEO와 비전공자를 위한 회계원리

노영래 지음 | 값 25,000원

이 책은 CEO와 창업자들에게 숫자가 아닌 그림과 사례로 회계의 원리를 이해하고, 경영자로서 필요한 정보를 읽어낼 수 있도록 돕는 데에 중점을 두고 있다. 그렇기 때문에 숫자 사용은 최대한 배제하고 있으며 회계를 이해하는 데에 필요한 필수 개념과 재무제표의 작성 원리를 도식, 그림과 함께 쉬운 문장으로 설명하는 데에 중점을 두고 있는 것이 특징이다.

밥상머리 교육에서 시작하는 우리 아이의 미래

신종우 지음 | 값 20,000원

이 책은 전통적인 '밥상머리 자녀교육'과 다문화 사회, AI 시대 등의 현대적 키워드를 결합하여 자녀교육의 새로운 길을 제시한다. 특히 이 책은 온 가족이 함께 밥상머리 규칙을 만들고 식사를 준비하는 등 부모들에게 '밥상머리'라는 기회를 통해 자녀와의 동등한 소통의 대화법을 제시하고 있는 것이 특징이다.

청렴 그 길을 묻다

박종성 지음 | 값 22,000원

한국건설기술연구원에서 33년간 연구 및 행정업무에 봉직한 바 있으며 현재는 청렴전문강사로 활동 중인 저자는 이 책 『청렴 그 길을 묻다』를 통해 청렴교육의 당사자인 공직자들뿐만 아니라 일반 국민들도 가슴 깊이 담아두어야 할 '청렴'의 본질을 이야기한다. 특히 단순한 청렴 관련 법령의 나열에서 벗어나 인문학을 통해 청렴의 당위성을 이야기하고 공감 및 감동을 불러일으키고 있는 것이 이 책의 특징이다.

함께 보면 좋은 책들

대한민국을 위한 에너지 정책 길라잡이

문주현 외 12인 지음 | 값 17,000원

『대한민국을 위한 에너지 정책 길라잡이』는 모순적이고 유동적인 상황을 해결해야 하는 대한민국의 현실을 꼼꼼하게 짚는 한편, 탄소 발생을 최소화하면서도 미래 산업 발전에 필요한 양질의 전기를 생산하려면 원자력을 기반으로 하여 한국의 환경/기술에 걸맞은 친환경 재생에너지 발전으로 촘촘하게 보강되는 이른바 '에너지 믹스' 정책을 전개해야 한다고 제안한다.

독서와의 전쟁

최재혁 | 값 22,000원

이 책은 학창시절 '문제아 공고생'으로 불리던 저자가 어떻게 책을 통해 삶을 뒤바꾸고, 결국 언론사 대표로 성장했는지를 기록한 자기 변화의 이야기이다. 저자는 '독서는 즐거워야만 지속할 수 있다'를 기반으로 하여 독서와 글쓰기를 통해 성장하는 즐거움을 맛보는 과정을 가이드하는 한편 자신이 인상 깊게 읽었던 책들과 특히 독자들에게 추천하고 싶은 책을 소개하기도 한다.

그리움의 사중주

이한길, 김정선 지음 | 값 22,000원

이한길 시인의 네 번째 시집 『그리움의 사중주』는 그간 이한길 시인이 꾸준히 탐구했던 '사랑'이라는 주제를 더욱 심화시켜 더 깊이 있게 다듬어진 시어로 이야기하고 있는 작품이다. 또한 '문예빛단 신인상'으로 새롭게 시의 세계에 발걸음을 들여놓은 이한길 시인의 배우자 김정선 시인의 작품이 함께하여 부부이자 동시에 사제 관계가 어우러지는 문학적 교감이 시의 멋스러움을 더한다.

마음의 주인이 되는 길

공병영 지음 | 값 20,000원

이번 시집은 단순한 문학작품을 넘어 한 사람의 삶의 고백이자, 혼란스러운 시대를 살아가는 이들에게 전하는 치유와 회복의 메시지다. 책은 "삶의 본질은 외부의 성취가 아니라, 나의 마음을 주인으로 세우는 일"이라는 단순하지만 위대한 진리를 화려한 수사가 아닌, 치열한 체험에서 길어 올린 단순하고 깊은 언어로 두드린다. 또한 때로는 쓰라린 고백으로, 때로는 따뜻한 위로로 이 시집은 묻는다.

좋은 **원고**나 **출판 기획**이 있으신 분은 언제든지 **행복에너지**의 문을 두드려 주시기 바랍니다.
ksbdata@hanmail.net   www.happybook.or.kr   문의 ☎ 010-3267-6277

'행복에너지'의 해피 대한민국 프로젝트!

〈모교 책 보내기 운동〉 〈군부대 책 보내기 운동〉

한 권의 책은 한 사람의 인생을 바꾸는 힘을 가지고 있습니다. 한 사람의 인생이 바뀌면 한 나라의 국운이 바뀝니다. 그럼에도 불구하고 많은 학교의 도서관이 가난하며 나라를 지키는 군인들은 사회와 단절되어 자기계발을 하기 어렵습니다. 저희 행복에너지에서는 베스트셀러와 각종 기관에서 우수도서로 선정된 도서를 중심으로 〈모교 책 보내기 운동〉과 〈군부대 책 보내기 운동〉을 펼치고 있습니다. 책을 제공해 주시면 수요기관에서 감사장과 함께 기부금 영수증을 받을 수 있어 좋은 일에 따르는 적절한 세액 공제의 혜택도 뒤따르게 됩니다. 대한민국의 미래, 젊은이들에게 좋은 책을 보내주십시오. 독자 여러분의 자랑스러운 모교와 군부대에 보내진 한 권의 책은 더 크게 성장할 대한민국의 발판이 될 것입니다.

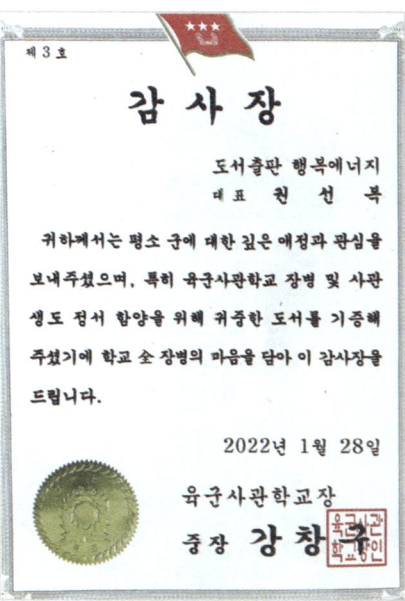